dtv

Was tun, wenn die eigenen Eltern plötzlich hilfsbedürftig sind? Schnell kann die Entscheidung, sie zu Hause zu pflegen, zu einer Belastungsprobe für die ganze Familie werden. Hin- und hergerissen zwischen alt gewordenen Eltern und den eigenen Kindern, zwischen Pflichtgefühl und eigenen Bedürfnissen geraten vor allem Frauen leicht in eine Lebenskrise: Muss man seine Eltern selbst pflegen? Ist es egoistisch, sie ins Heim zu geben? Wie viel Freiraum ist möglich, wie viel nötig?
Basierend auf ihren eigenen Erfahrungen plädiert Christine Eichel für einen offenen Umgang mit diesem Konflikt. Sie schildert die schmerzlichen Lernprozesse und zeigt Wege aus der Überforderung, indem sie den Angehörigen die Möglichkeit bietet, sich selbst und die eigene Familiensituation neu zu reflektieren.

Christine Eichel, geboren 1959, studierte Philosophie, Literatur und Musikwissenschaften und promovierte über Theodor W. Adorno. Sie arbeitete als Autorin, Regisseurin und Moderatorin fürs Fernsehen und veröffentlichte zahlreiche Romane. Seit 2004 leitet sie das Ressort »Salon« beim politischen Monatsmagazin ›Cicero‹. Christine Eichel ist Mutter eines Sohnes.

Christine Eichel

DIE LIEBESPFLICHT

Zwischen hilfsbedürftigen Eltern
und noch nicht
erwachsenen Kindern

Wege aus der
Überforderung

Deutscher Taschenbuch Verlag

Meiner Familie

Ungekürzte Ausgabe
Oktober 2009
Deutscher Taschenbuch Verlag GmbH & Co. KG,
München
www.dtv.de
Lizenzausgabe mit freundlicher Genehmigung des Pendo Verlags

Umschlagkonzept: Balk & Brumshagen
Umschlagbild: Hauptmann & Kompanie,
Werbeagentur München – Zürich
Satz: Fotosatz Reinhard Amann, Aichstetten
Druck und Bindung: Druckerei C. H. Beck, Nördlingen
Gedruckt auf säurefreiem, chlorfrei gebleichtem Papier
Printed in Germany · ISBN 978-3-423-34565-1

Inhalt

Prolog

Die Hand auf der Bettdecke. Vertraut, seit jeher. Die streichelnde Hand. Die strafende Hand. Die Hand, an der ich sonntagnachmittags spazieren ging. Die Hand, die mit machtvollen Gesten das Gesagte unterstrich. Die segnete, am Ende des Gottesdienstes, den Geigenbogen führte an Weihnachten. Nichts von alledem tut diese Hand jetzt. Trügerisch ruhig liegt sie da. Ruhig gestellt durch Sedativa, Schmerzmittel, Kreislaufmedikamente.

Schön geformte Nägel, die papierene Haut blass, die Adern schwach blau. Die Hand meines Vaters. Ich lege meine daneben. Unsere Hände ähneln sich so sehr, dass ich die Altershand sehe, die ich einmal haben werde. Schreck und Rührung übermannen mich. Ich lege meine Hand auf die Hand meines Vaters. Seine Lider öffnen sich für einen Moment.

Reflexhaft versuche ich, meinen Gefühlssturm wegzulächeln. Würde es ihn schockieren, wenn ich weinte? Muss ich stark sein? So tun, als wäre nichts? Warum nur bin ich so hilflos? Habe ich wirklich all die Jahre sein Altern verdrängt? Den schleppender werdenden Schritt, die Müdigkeit, die ihn bei Tisch einschlafen ließ, den altersmilden Blick, mit dem er seine Schwerhörigkeit überspielte? Es war einfacher, nicht so genau hinzusehen.

Jetzt sehe ich hin. Erreicht ihn meine Liebe noch? Hätte ich eher anfangen müssen hinzuschauen? Ihm meine Liebe zu zeigen? Ich weiß nicht, was ich tun kann. Ich weiß nur, dass dieses Bild mich von nun an begleitet: Mein Vater, in einem Krankenbett, in einem Altersheim, mal erschreckend verwirrt, mal erschreckend glasklar, aber nie wieder der, den ich zu kennen meinte. Ich erfahre, dass er manchmal nachts festgebunden werden muss, weil er sonst orientierungslos herumirrt, fällt. Zweimal schon musste er mit Verletzungen ins Krankenhaus gebracht werden. Ich bin beschämt, weil ich ihn nicht erlösen kann.

Wenn die Eltern alt werden, hinfällig, schwach, gerät der Lebensrhythmus aus dem Takt, es fühlt sich anders an, dieses Leben, das immer vorwärts drängte, höher, schneller, weiter. Plötzlich und unerwartet der Schrecken der Endlichkeit. Sicher, Krankheiten hatten meine Eltern schon öfter, die üblichen Malaisen des Alters, Operationen, Therapien, Hoffnung, Genesung. Störfälle, die man an Ärzte delegieren konnte. Es war immer wieder gut ausgegangen. Bis zu einem Telefonat, an einem Sonntagnachmittag, mein Vater wohnte noch zu Hause.

»Hallo?« Die Stimme meines Vaters klang etwas matter als sonst, und mit einem Mal schlichen sich unerklärliche Dinge in seine Sätze ein, Ungereimtheiten, Absonderliches, nichts passte mehr zusammen. Das alles vorgetragen in der vertrauten klaren Diktion, bestens formuliert. Ohne dass ich es bemerkte, liefen mir Tränen über das Gesicht. Es war mein Sohn, der sie sah. Ängstlich schaute er mich an. »Mama?«

Die Diagnose erfuhr ich von meiner Mutter noch am selben Abend, sie war im Grunde wenig überraschend, und doch änderte sie alles. Alzheimer. Jeder hat schon davon gehört. Jeder kennt jemanden, dessen Eltern es getroffen hat. Alzheimer wird hingenommen wie andere Zivilisationskrankheiten auch, wie Herzerkrankungen oder Diabetes. Aber Alzheimer ist ein Menetekel, ein Urteil. Unheilbar. Und nun?

Ich versuchte, meinem Sohn zu erklären, was mit seinem Großvater passierte, dass er krank war, dass er sich veränderte, dass es mehr als eine momentane Schwäche war – und mich das alles völlig aus der Fassung brachte. Er stellte kaum Fragen. Doch später dann, vor dem Einschlafen, wollte er wissen: »Aber du bist doch noch ganz lange gesund? Du bleibst doch noch ganz lange bei mir? Und Papa auch?« Ich schluckte. »Ja, natürlich. Sieh mal, ich bin doch auch schon groß, und ich habe immer noch meine Eltern.«

Und deshalb bin ich auch immer noch Kind, wie du, wollte ich sagen, doch das stimmte nicht mehr. Ohne genau zu wissen, warum, ahnte ich: Von nun an war meine Kindheit vorbei. Die gefühlte Kindheit, in der wir so lange verharren, wie wir unsere Eltern als Instanz erleben, die vertraute Kindheit, in der sich Eltern mehr um ihre Kinder sorgen als umgekehrt. Und uns beim Abschied Kuchen mitgeben oder rasch einen Geldschein zustecken. Ja, es gab immer Phasen, in denen ich mir Gedanken um sie machte, ob es ihnen gut ging, wie gesund sie waren, ob sie klarkamen. Jetzt war es anders. Bedrohlich.

»Aber du bleibst doch noch ganz lange bei mir?«, fragte mein Sohn ein zweites Mal. Seine Stimme klang plötzlich unsicher. Etwas zog in der Herzgegend. Ein Gefühl, überwältigend, schmerzhaft, entwaffnend – Liebe. Liebe zu meinem

Sohn, Liebe zu meinen Eltern. Und ich dazwischen, ratlos, Tochter und Mutter zugleich: Was jetzt? Was tun? Was ist meine Aufgabe? Meine Pflicht?

»Will you still need me / Will you still feed me / When I'm sixty-four?«, sangen einst die Beatles, ein kleiner, beiläufiger Song, der den Musikstil der zwanziger Jahre parodierte. Ein gut gelaunter Lovesong, der keck einen Blick in die Zukunft wagte, spielerisch nach der Haltbarkeit von Gefühlen fragte. Als Teenager konnte ich darüber lachen. Mit vierzehn, fünfzehn fragt man nicht nach Ewigkeit, schon gar nicht in der Liebe. Nach Überwältigung, Unbedingtheit, Entgrenzung, ja, aber sixty-four, das war jenseits der Vorstellungskraft. Sicher, alle Lust will Ewigkeit, aber das ist in den frühen Jahren nur ein Gedankenspiel. Liebe schien ohnehin für die Jüngeren gemacht, ich kannte damals niemanden über dreißig, der verliebt Händchen hielt.

Heute klingen die Zeilen anders. Wirst du mich brauchen? Wirst du mich versorgen? Wirst du mich noch lieben, wenn ich vierundsechzig bin? Oder womöglich vierundsiebzig, vierundachtzig? Meine Eltern haben uns Kindern diese Fragen nie gestellt. So, wie ich sie auch meinem zehnjährigen Sohn nicht stelle. Aber auch er wird eines Tages beklommen beobachten, wie ich mich verändere, dass ich nicht mehr die bin, die mit ihm einst über den Spielplatz lief, mit ihm ins Kino ging, sich mit ihm in die Meeresbrandung stürzte. Die immer für ihn da war, stark, unerschütterlich. Es wird ein Tag kommen wie jener, als ich von der Krankheit meines Vaters erfuhr. Ich werde kein Fels in der Brandung mehr sein, sondern jemand, der ihn, meinen Sohn, braucht, ohne Ansprüche stellen zu wollen.

Wird er mich auch dann noch lieben? Natürlich. Ganz bestimmt. So wie auch ich meine Eltern liebe. Aber was wird es ihm bedeuten? Werde ich Last sein, Pflicht oder ganz einfach der Mensch, um den er sich ohne lange zu überlegen kümmert? Was lebe ich ihm vor? Wie wird er sich an mich als Tochter alter Eltern erinnern?

Es stimmt schon: Wenn wir an Liebe denken, dann fällt uns zuerst die Liebe als Eros ein, Herzklopfen, Leidenschaft, Hingabe. Liebe als Himmelsmacht. Dass man seine Eltern liebt, seine Kinder, scheint so selbstverständlich, dass es keiner romantischen Umschreibung bedarf. Doch die Liebe wird neu erfunden, wenn man selbst Kinder bekommt. Und verändert sich ein zweites Mal, wenn man mit dem Altern der eigenen Eltern konfrontiert ist. Das ist nicht Himmelsmacht, Aufruhr, Seligkeit, sondern eine Liebe, die sich mit ganz anderem mischt: Verantwortung, Aufopferung, Pflicht.

Ungewohnte Assoziationen. Schließlich lieben wir die Liebe als Paradies der Irrationalität, als radikal selbstbezügliches System, das weder Rechtfertigung noch Begründung und schon gar keine Beweise braucht. So wie nach Wallenstein der Krieg den Krieg ernährt, soll auch die Liebe aus sich selbst Nahrung erhalten. Erarbeiten können wir uns Anerkennung, Wertschätzung, Respekt, nicht jedoch die Liebe. Sie fällt uns in den Schoß, wir müssen uns für sie nicht anstrengen. Vergebliche Liebesmüh, weiß der Volksmund, muss das Werben um kalte Herzen bleiben. All die Liebestränke, Ränkespiele und Verführungskünste, in der Literatur tausendfach durchgespielt, im Leben nach ein, zwei demütigenden Erprobungen verworfen, sie können unerwiderte Gefühle nicht in Liebe verwandeln. Und wer gar Liebesbe-

weise fordert, ist bereits unsicher, wie es um den Gegenpart steht.
Wie also verirrt sich die Pflicht in diese Reservate der Freiwilligkeit? Wenn Liebe Gnade des Schicksals ist, Option, nicht Aufgabe, befeuert vom Lustprinzip – so kann sie nicht in die Pflicht genommen werden. Schließlich: Was wir aus Liebe tun, soll Wunsch und Wille zugleich sein, keine Frage der Verantwortung. Und soll uns gefälligst gut tun. Ja, berauscht und beflügelt lieben wir uns als Liebende. Unendlich gespiegelt wie in den Ballsälen von Versailles genießen wir unser glückhaft geliebtes Ich. Solch narzisstische Spiegelungen mögen eine frühe, unreife Stufe unserer Liebesfähigkeit sein, wir lernen erst später, dass auch die Liebe sich an ihren Taten beweisen muss. Dennoch: Heroische Liebesgeschichten, große Dramen um Opfer und Verzicht, verzehrende Leidenschaften erleben wir lieber im Kino als in der Wirklichkeit.
Allerdings wissen wir auch, dass die Liebe endlich sein kann. Spätestens mit dem ersten Liebeskummer müssen wir uns eingestehen, dass nichts so zart und zerbrechlich ist wie sie. Das unterscheidet den Eros von der Liebe zu Eltern und Kindern. Entfremdungen mögen diese Liebe überdecken, Enttäuschungen und Zurückweisungen sie beschädigen, doch wenn es um die familiäre Liebe geht, so bleiben wir lebenslang verbunden, unauflöslich, über Entfernungen und Distanzen hinweg. Warum dann aber dieses Heer allein gelassener, einsamer alter Menschen? Warum die Kälte, mit der viele ihre Eltern einem ungewissen Schicksal ausliefern? Und ich – wenn ich mich entscheiden müsste zwischen meinem Kind und meinen Eltern, wen würde ich wählen? Oder ist

dieses konstruierte Entweder-Oder nichts weiter als ein Vorwand, sich halbwegs ehrenvoll aus der Affäre zu ziehen?
»Die Liebe höret nimmer auf« – in Kreuzstich auf grobes Leinen gestickt: Dunkel gerahmt hing das Spruchbild lange in der Küche meiner Wohnung, ich hatte es einer Freundin abgekauft, die es bei der Haushaltsauflösung eines einschlägigen Oldenburger Etablissements ergattert hatte. Nein, sie hört nicht auf, die Liebe. Aber sie verändert sich. Wir verändern uns, wenn wir plötzlich gezwungen sind, über das Verhältnis von Pflicht und Liebe nachzudenken. Wenn wir gebraucht werden. Haben wir eine Liebespflicht?

1

Hilfe, meine Eltern brauchen Hilfe!
Der Schock, gebraucht zu werden

Das ist kein Smalltalk-Thema. Wenn ich auf die Frage, wie es mir geht, neuerdings die Situation meiner Eltern erwähne, verstummt das Gespräch. Unbehagen verschattet die Gesichter. Ich fühle mich wie ein Kind, dem beigebracht wird: Über so etwas spricht man nicht. Im geläufigen Energiesparmodus der Kommunikation rächen sich Regelverletzungen mit Schweigen – Alter und Krankheit, das passt nicht in den Kanon der geschmeidigen Konversation. Wer selbst nicht betroffen ist, reagiert daher peinlich berührt, wechselt rasch das Thema, verdrängt den Gedanken, ihn könnte es eines Tages genauso treffen wie mich: dass er gebraucht wird.

Auch ich habe lange nicht gewusst, wie ich auf solche Signale reagieren soll. Charlotte kommt mir in den Sinn, eine Bekannte, fast ein Jahr ist es her, dass sie mir über den Weg lief, lange hatte ich nichts von ihr gehört. »Notstand«, antwortete sie knapp auf meine Frage, wie es ihr ginge. Notstand? »Gerade war mein Jüngster aus dem Gröbsten heraus, als mein Vater einen Herzinfarkt bekam. Das war vor zwei

Monaten. Eine Weile pendelte ich nur noch zwischen Kindergarten, Schule und Krankenhaus, zu Hause ging es drunter und drüber.« Sie sah müde aus, strich sich eine Haarsträhne aus der Stirn. »Vor drei Wochen wurde mein Vater entlassen, und seitdem ist er bei uns. Servicewüste Deutschland? Weit gefehlt! Ich bin vierundzwanzig Stunden im Dienst. Tag und Nacht, alltags und am Wochenende. Manchmal möchte ich nur noch weg. Aber was soll ich machen? Sie brauchen mich doch – meine Kinder und mein Vater.«

Charlotte ist Anfang vierzig, vor acht Jahren kam ihre Tochter auf die Welt, vor fünf Jahren ihr Sohn. Eine patente Frau, wie man so sagt. Sie ist Journalistin, hat eine Kinderpause eingelegt, bald wollte sie wieder in den Beruf einsteigen. »Ich hatte mich für einen Halbtagsjob bei einer Presseagentur beworben«, erzählte sie. »Die wollen mich sogar, schon ab dem nächsten Monat. Doch jetzt ist wieder alles offen. Ich kann gar nicht mehr planen – mein Vater schafft es nicht allein, meine Mutter lebt nicht mehr, alles bleibt an mir hängen.«

Wir hatten uns zufällig getroffen, im Supermarkt. Charlottes Einkaufswagen war randvoll. Nudeltüten türmten sich neben Kinderjoghurt und Inkontinenzwindeln. Ich schaute verlegen weg. Dieser Einkaufswagen erzählte mehr über Charlottes Dilemma als alle Erklärungen. Doch sie hatte meinen Blick registriert. »Du siehst es ja selbst« – sie zeigte auf die Schachteln und Tüten – »das ist jetzt mein Leben. Zweimal die Woche Großeinkauf, dazwischen fahre ich mit meinem Vater zum Arzt, hole die Kinder von der Schule und vom Kindergarten ab, koche, sitze bei Behörden rum.« Sie sah zu Boden. »Ich hatte eine Menge vor«, sagte sie leise.

»Und jetzt rufen alle nur noch: Wir brauchen dich!« Und ihr Mann? Sie zuckte die Achseln. »Der läuft auch auf Reserve. Zeit für uns haben wir gar nicht mehr.« Sie schaute nervös auf die Uhr. »Du, ich muss los.« Ich wollte mich mit ihr verabreden, wenigstens auf einen Kaffee, doch sie winkte ab. »Irgendwann mal, gern. Aber im Moment geht gar nichts. Ciao.«

Ich sah ihr nach, wie sie mit schnellen Schritten den Wagen zur Kasse schob. Erst jetzt wurde mir klar, dass das ein Hilferuf gewesen war. SOS. Familienalarm. Was hätte ich ihr sagen sollen? Dass man alles delegieren kann? Dass es professionelle Betreuer für alte Menschen gibt? Babysitter für die Kinder? Haushaltshilfen? Dass sie sich nicht auffressen lassen darf von der Pflicht? Hätte das genützt? Oder braucht sie nicht vielmehr Anerkennung für das, was sie tut?

Niemandsland

Nicht einmal darauf, ob Charlotte das Richtige tat oder ob der Preis für ihren Einsatz möglicherweise zu hoch war, hatte ich eine Antwort. Auch heute noch bin ich nicht sicher, was das Richtige ist, ob es das »Richtige« überhaupt gibt. Meine Eltern wohnen vierhundert Kilometer entfernt, das macht alles auf den ersten Blick einfacher. Auf den ersten Blick. Zum ersten Mal wird mir wirklich bewusst, dass ich eine Fernbeziehung habe – zu meinen Eltern. Zum ersten Mal spüre ich geradezu körperlich meine Abwesenheit, die mir immer so selbstverständlich schien. Biografien ereignen sich nun mal so, hatte ich gedacht, der Radius wird grö-

ßer, Familien werden getrennt, Eltern, Kinder, Geschwister. Zum ersten Mal empfinde ich das als absurd, schmerzlich – falsch?
Wir erschaffen uns Ersatzfamilien, ein Netz aus Freunden, Bekannten, Kollegen. Wenn es um sie geht, erfüllen wir sogar bereitwillig Pflichten, Freundschaftspflichten, in einem Beziehungsnetz der Gegenseitigkeit. Wir bauen unser Nest, jenseits der Familie, geografisch, auch emotional. Manchmal, wenn ich nach einem Gespräch mit meiner Mutter bedrückt den Telefonhörer auflege, erlebe ich jetzt als Zwangssituation, was eben noch wie Freiheit wirkte, die Freiheit, den Ort zu wechseln, dorthin zu gehen, wohin die Liebe, die Neugier oder der Beruf uns treiben. Die meisten meiner Freunde und Bekannten haben so wie ich ihren Heimatort verlassen, irgendwann fuhren wir nicht mehr »nach Hause«, sondern machten einen »Besuch«, Durchreisende in Sachen Familie. Eine Normalität. Soll man sie beklagen?
Die innere Nähe, die mit dem Gebrauchtwerden unversehens entsteht, und die äußere Entfernung, die ich für eine schlichte Tatsache hielt, nicht für eine schicksalhafte Trennung, dieser Widerspruch drängt sich mir immer stärker auf. Wir kennen die erschütternden Bilder der Nachkriegszeit, die dramatischen Szenen, wenn Familien auseinandergerissen waren und einander suchten, die herzzerreißenden Momente, wenn sich Eltern, Kinder, Geschwister endlich wiederfanden. Nur wenige Jahrzehnte später leben viele von uns wieder weit voneinander entfernt, Eltern und Kinder, Bruder und Schwester.
Schon in zehn Jahren wird möglicherweise auch mein Sohn das Haus, die Stadt verlassen, wird sich Hunderte Kilometer

entfernt sein Nest bauen, Frau und Kinder haben. Dann wird er derjenige sein, der »einen Besuch macht«. Bei mir. Ich kann nicht behaupten, dass diese Vorstellung mir gefällt. Doch ich werde mich hüten, es ihm zu sagen. Und dennoch muss ich immer häufiger daran denken, wenn meine Gedanken zu meinem Vater und zu meiner Mutter wandern.

Was tun? Neuerdings horche ich auf, wenn jemand seine Eltern erwähnt, die Probleme, die plötzlich auftauchen, weil eintritt, womit man hätte rechnen können, was aber so unwahrscheinlich schien wie Schnee im August: dass die Eltern Hilfe brauchen. Dieser Tag X ist für die meisten ein blinder Fleck im Planquadrat Zukunft. Hoffen wir etwa auf Happy Endings, trotz alledem? Ich frage nach, will wissen, was die anderen vorhaben. Regeln gibt es offenbar nicht, konkrete Vorbereitungen ebenso wenig. Niemand hat einen Plan, eine klare Vorstellung, wie er handeln wird, wenn die Situation keinen Aufschub mehr duldet. Jeder ist auf sich selbst zurückgeworfen, und im Zweifelsfall steht er ganz allein mit seiner Entscheidung da. Es gibt Beziehungsbücher, Erziehungsratgeber und jede Menge Anleitungen, wie man etwas aus seinem Leben macht. Wie man es vereinfacht, wie man glücklicher wird, wie man sich selbst verwirklicht, wie man gesünder und erfolgreicher wird. Life Coaching de luxe. Ein Notfallprogramm für den Tag X existiert nicht. Das ist vermintes Terrain, Niemandsland, unerforscht, weit weg.

Oder täusche ich mich?

Ortstermin: die größte Buchhandlung der Stadt, eine moderne Präsenzbibliothek jener Bücher, die zum Kompendium verkaufbarer Titel gehören, drei Etagen gepackt voll. Der junge Verkäufer sieht mich etwas verunsichert an, als ich nach Ratgebern über alte Eltern frage. Als hätte ich eine seltene Krankheit. Wir gehen an einer Flucht von Regalen vorbei, über denen »Elternliteratur« steht. Gemeint sind Bücher über Kinder. Dann schließlich, ganz hinten in der Ecke, steht ein Regal, in dem der Verkäufer das Gewünschte vermutet. Mit schräg gelegtem Kopf überfliegen wir die Titel auf den Buchrücken.

Doch, wer hartnäckig sucht, wird auch Fachliteratur über die Probleme alter Menschen und ihrer Kinder finden, Psychologen haben sich das Thema zu eigen gemacht, Pädagogen, Familientherapeuten. Unwillkürlich weiche ich vor den schmalen Bändchen zurück, die etwas unscheinbar oben im Regal versteckt sind. Wer will schon gern solche Problemfibeln mit nach Hause nehmen, wenn etwas weiter darunter, dort, wo man spontan hingreift, die farbenfrohen Anti-Aging-Anleitungen ausliegen, alle mit der gleichen Botschaft: Altern, na und? Das klingt so viel optimistischer als jene Krisenratgeber, deren bloße Existenz die Möglichkeit des Versagens belegt. Die Möglichkeit, trotz bester Absichten am Gebrauchtwerden zu scheitern.

Ein lakonischer Satz Michel Foucaults fällt mir ein: »Je mehr von jungen Leuten geschrieben wird, desto mehr betrifft es auch junge Leute.« Wohl wahr: Bücher von Achtzigjährigen sind selten, Bücher über Achtzigjährige noch seltener. Dennoch gibt es ein paar. Ich suche einige Titel heraus, sie wirken allesamt seriös, in das griffige Gute-Laune-Sortiment werden sie es nie schaffen. Eine Frau in meinem Alter entdeckt den Stapel, den ich auf einem Tisch zusammengetragen habe, und nimmt sich das zuoberst liegende Buch, eine Studie über Altersdepressionen. Ich beobachte aus dem Augenwinkel, wie sie hastig darin blättert, es dann zuschlägt und, den Umschlag verdeckend, Richtung Kasse eilt. Fast scheint es so, als schämte sie sich, als sei nicht vorzeigbar, was sie da schwarz auf weiß nach Hause tragen wird.

Sie könnte stolz sein, dass sie sich Rat holt, vielleicht, weil sie die unerklärliche Traurigkeit ihrer alternden Eltern nicht mehr erträgt, weil sie helfen möchte und am Stacheldrahtverhau von Apathie und Resignation scheitert. Aber sie ist nicht stolz. Niemand wird ihr ein Kompliment dafür machen, dass sie Hilfe sucht, kaum jemand wird vermutlich genauer nachfragen, wenn er das Buch bei ihr zu Hause auf dem Tisch liegen sieht.

Das große Schweigen umgibt diejenigen, die sich mit solchen Problemen auseinandersetzen müssen. Und symptomatischer noch für die ungeheure Verdrängung des Themas scheint mir: Ob wir das mit unseren Eltern einigermaßen anständig hinbekommen, ob wir sie so pflegen, unterbringen, versorgen, wie es angemessen wäre, das gehört nicht zum Kanon der stolz präsentierten Lebensleistungen. Fast alles andere wird unter dem Primat der Gelungenheit hergezeigt, wie wir arbeiten, wohnen, Urlaub machen. Wir zücken Fotos von Kindern, Häusern, Autos, alles soll wohlgeraten und mit Erfolg durchblutet sein. Absurd jedoch die Vorstellung, bei einer Party lauthals zu verkünden: »Stellt euch vor, was ich geschafft habe – meine Eltern, Oberschenkelhalsbruch und präsenile Demenz, schwer altersdepressiv und seit längerem inkontinent, leben jetzt in einem großartigen Seniorenheim, Treppenlifte, Bewegungstherapie und angeschlossene Intensivstation inklusive, ist das nicht fantastisch?« Dann doch lieber: »Ich habe die Heinrich-Mann-Erstausgabe bei eBay ersteigert, ich war auf den Malediven, meine Tochter hat die Aufnahmeprüfung für das Konservatorium geschafft, ich mache neuerdings einen Tangokurs.« Über ersteres spricht man nicht. Lektion gelernt.

Schlechte Nachrichten

Seltsam, wie mühelos wir es schaffen, das Alter und die alten Eltern auf den Index der Un-Themen zu setzen. Nicht nur in der Kommunikation, auch in unserem Denken. Ich hatte um mausegraue Schlagworte wie »demografischer Wandel« oder »Alterspyramide« immer einen großen Bogen gemacht, ich mochte den Hautgout von Verhängnis und Katastrophe nicht, den Dauerwarnton der professionellen Mahner. Die sattsam bekannten Diskursformeln blieben beruhigend abstrakt, solange ich mich der Illusion hingeben konnte, mein eigenes Leben sei unberührt davon. Die Fakten begegneten mir zwar fast täglich in der Zeitung, doch ich überflog die Zahlen nur und überblätterte die Berichte, in denen die schlechten Nachrichten ausgebreitet wurden. Bad news are good news, das wissen wir doch, nur schlechte Nachrichten schaffen es auf die Medienagenda der relevanten Themen, kein Grund zur Aufregung also. In letzter Zeit blättere ich nicht mehr weiter. Und erfahre, was ich längst hätte wissen können: dass die Pflege alter Menschen ein Thema ist, an dem wir uns weder vorbeiblättern noch vorbeischwindeln können.

Schon heute sind in Deutschland dreizehn Millionen Menschen älter als fünfundsechzig, bereits im Jahre 2050, so das

Statistische Bundesamt im November 2006, wird es doppelt so viele Sechzigjährige geben wie Neugeborene. Heute sind knapp vier Millionen Deutsche älter als achtzig Jahre, 2050 werden es zehn Millionen sein – bei einer gesunkenen Bevölkerungszahl von jetzt 82,4 Millionen auf geschätzte 69 bis 74 Millionen. Etwa ein Siebtel aller Deutschen wird also im Jahr 2050 achtzig Jahre und älter sein, bei stetig steigender Lebenserwartung. Ein Siebtel. Wer wird sich um sie kümmern?

Alzheimer. Die Diagnose war der vorläufige Höhepunkt einer Odyssee gewesen, die meinen Vater von Arzt zu Arzt und von einem Krankenhausaufenthalt zum nächsten getrieben hatte. Aus der Ferne hatte ich die beunruhigenden Zeichen wahrgenommen, hatte zusehen müssen, wie mein Vater anfangs fast an sich selbst verzweifelte, an den verschiedenen Symptomen, die ihn peinigten, an den Schmerzen, an der Unruhe und der Verwirrung, die ihn befallen hatte. Spezialisten wurden konsultiert, im grenzenlosen Vertrauen darauf, dass doch alles reparabel sein müsse, wenn man nur die richtige Therapie finde. Rettung schien möglich, Rettung musste möglich sein, denn wir alle, die Familie, wir wollten uns nicht an den Gedanken gewöhnen, dass die Medizin nichts weiter sein könnte als eine bloße Chance auf Heilung, keine Garantie.

Jede kurzfristige Besserung war ein Versprechen, jede gute Phase schien ein Erfolg zu sein. Nur nicht den Ernstfall annehmen. Wir wurden Virtuosen in der dilettantischen Diagnostik einer Gesundung, die wir uns so sehnlich wünschten, auch wider besseres Wissen. Eine schwierige Zeit begann. Mein Vater verbrachte erneut Wochen im Krankenhaus, kam wieder nach Hause, wurde ein weiteres Mal ins Krankenhaus eingeliefert, kehrte in die Wohnung zurück. Eine Weile ging das so hin und her, unterdessen reisten meine Geschwister und ich immer wieder an, sprachen abwechselnd mit dem Hausarzt und den Klinikärzten, ambulante Pflegedienste wurden erwogen, Therapien, Kuren.

Es war wenig, was ich tun konnte – liebevoll anwesend sein, von Zeit zu Zeit. Meist wäre ich gern länger geblieben, es war nicht zu übersehen, dass ich gebraucht wurde, doch da war mein eigenes Leben, mein Kind, mein Job, ich konnte nicht einfach unbegrenzt Urlaub nehmen, mein Sohn musste zur Schule, und er war zu klein, um längere Zeit auf mich zu verzichten. Gleichzeitig wusste ich: Es reichte nicht, was ich tat, trotz der häufigeren Reisen zu meinen Eltern. Nein, weder meine Geschwister noch ich konnten so uneingeschränkt da sein, wie es vielleicht nötig war.

Dann fiel die Entscheidung relativ rasch: Schon wenige Wochen nach der Diagnose, nach Tagen und Nächten, in denen mein Vater bereits ohne Orientierung war und sich versehentlich verletzt hatte, übersiedelte er in ein Altenheim. Alles war ganz schnell gegangen, meine Mutter hatte sich überfordert gefühlt, ihre Kräfte hatten nicht gereicht, ihren Mann zu versorgen, seine zunehmende Verwirrung hatte ihr Angst gemacht, sie hatte das Haus kaum noch verlassen können. Das Heim liegt in dem Bezirk, in dem mein Vater seine letzte Pfarrstelle hatte, meine Eltern kennen es beide, und man kennt sie dort. Wir Kinder sind erleichtert, dass alle mitgeholfen haben, die Sozialbetreuerin in der Klinik, der Hausarzt, nicht zuletzt auch die Heimleiterin. Wir hätten nicht leisten können, was dort für meinen Vater getan wird: Pflege rund um die Uhr, medizinische Überwachung, Therapie.

Bilder tauchen auf, Bilder aus dem Heim, in dem mein Vater lebt. Es ist ein gepflegtes, schönes Heim, sonnige Farben, sympathische Pfleger, die meinen Vater immer mit Namen ansprechen, die ihre Arbeit selbstverständlich und ohne Widerwillen tun, oft mit einem Lächeln. Meine Mutter besucht ihn täglich, liest ihm vor, singt mit ihm. Die Choräle gehen ihm alle noch leicht über die Lippen, auch wenn sein Sprachzentrum bereits so gestört ist, dass er auf Fragen manchmal nur noch mühsam einzelne Worte hervorbringt. Diese Bilder mischen sich mit den anderen, dunkel abgetönten, immer gleichen Szenen, die wir als visuelle Synonyme für das Alter gespeichert haben. Zeitungsfotos und TV-Bilder von alten Menschen in neongrellen Verwahranstalten, lange graue Flure, teilnahmslose Greise, die in Betten ruhig gestellt sind, Pfleger, die gelangweilt Tabletten austeilen. Ein Szenario der Trostlosigkeit. Meinem Vater blieb es erspart – aber ist das repräsentativ? Sind nicht die düsteren Alterskasernen die eigentliche Realität?

Zu meiner Überraschung erfahre ich, dass die Unterbringung alter Menschen im Heim noch lange nicht die Regel ist. Ganz im Gegenteil: Zurzeit werden mehr als zwei Drittel aller alten Menschen von ihrer Familie betreut. In einer Stadt wie Hamburg sind die Zahlen genauer bekannt. 30 Prozent der hilfsbedürftigen alten Menschen werden in der Familie versorgt, 33 Prozent ambulant in ihrer eigenen Wohnung, 37 Prozent leben in Heimen.

Eine nüchterne Prozentangabe: knapp 70 Prozent der älteren Menschen werden von ihren Kindern versorgt. Eine riesige Zahl. Welche Dramen, welche Zweifel, welche Extremsituationen mögen sich dahinter verbergen? Ich beginne zu ahnen, dass es immer mehr Menschen gibt, die mit dieser Herausforderung leben, gewollt oder gezwungen, freudig oder widerwillig, bestens organisiert oder abgetaucht in einem Chaos aus Überforderung und Selbstaufgabe. Merkwürdig, wie wenig darüber gesprochen wird.

Wer stellt sich überhaupt der »Kindespflicht«? Es sind zumeist Frauen, 80 Prozent, genauer gesagt. Woher nehmen sie die Zeit und die Kraft? Wie schaffen sie das, womöglich neben Ehemann, Kindern und Beruf? Und was ist mit der anderen demografischen Tendenz, dass Frauen immer später Mütter werden, so wie ich auch? Schließlich schieben die veränderten Ausbildungs- und Erwerbsbiografien den Kinderwunsch immer weiter in das dritte Lebensjahrzehnt. Es muss sehr viele Frauen wie Charlotte, meine Bekannte aus dem Supermarkt, geben, auf die plötzlich ein Multitasking zukommt: die Betreuung kleiner Kinder und alter Eltern, neben Ehemann, Beruf, Haushalt. Ohne Frage müssen sie einen Spagat erleben, der ihnen einiges abverlangt. Und sich einem immensen Druck ausgesetzt fühlen, der nicht vergleichbar ist mit den Belastungen des Berufslebens. Denn hier geht es nicht nur um das Bewältigen von Aufgaben, hier kommen Gefühle ins Spiel. Große Gefühle. Liebe. Ängste. Abhängigkeiten. Wünsche.

Selbst dann, wenn die alten Eltern nicht in der Familie leben, sind ihre Kinder gefordert. Sie werden gebraucht. Ganz gleich, ob sie die Verantwortung weiterreichen oder ob sie akzeptieren, dass sie selbst aktiv werden sollten, völlig wegschieben lässt sich der Gedanke niemals, dass es die Pflicht gibt, etwas zu tun. Tatenlos kann niemand bleiben. Es müssen Entscheidungen getroffen werden, oft in kürzester Zeit:

Wohin mit den Eltern? Was kann ich, was muss ich tun? Darf ich mich verweigern? Muss ich mich mit der Alternative Schuldgefühle oder Überforderung abfinden? Gebrauchtwerden ist eine emotional hochkomplexe Situation, die das gesamte Dasein auf den Prüfstand stellt. Für viele ist es schlicht ein Schock. Warum eigentlich? Weil wir alle Egomanen sind, die nur um sich selbst kreisen? Stimmt das?

Selbstverwirklichungslügen

Nein, ich erlebe mich weder als Egomanin noch als Egoistin. Doch völlig entziehen konnte auch ich mich nicht den Einflüsterungen des Zeitgeistes, so selbstverständlich war für mich der radikale Individualismus, den er diktiert. Es hat lange gedauert, bis ich das Diktat überhaupt als solches durchschaute. »Ich schaffe es allein, ich brauche niemanden, ich bin frei« – auch für mich galten solche Sätze aus dem kollektiven Credo einer Gesellschaft, die das Ich feiert wie nie zuvor. Erst heute erkenne ich darin die Glaubenssätze eines Lebensgefühls, das den Einzelnen auf sich selbst zurückwirft: Wer willst du sein? Was möchtest du erreichen? Was willst du haben? Fragen, die uns permanent gestellt werden, ohne dass sie ausgesprochen werden müssen. Wir kennen sie alle. Und die Antwort lautet: mehr. Viel mehr.

Wir haben uns an ein Menschenbild gewöhnt, das uns größtmögliche Freiheiten verspricht. Ich selber hätte lange Zeit nicht gezögert, mein Lebensprinzip mit zwei Begriffen zu umschreiben: Selbstverwirklichung und Autarkie. Begriffe, die den Zauber eines selbstbestimmten Lebens haben, Garanten für Erfolg. Seien wir ehrlich: Wer niemanden braucht, gilt als Sieger. Und wer nicht gebraucht wird, scheint unwiderstehlich frei zu sein. Im Existenzkampf, so will es der Mainstream, überlebt derjenige, der es schafft, seine eigenen Maßstäbe zu setzen, sich von Hemmnissen aller Art zu lösen. Mittlerweile sehe ich das anders, sehe die Schattenseiten des beklatschten Einzelkämpfertums. Denn nie zuvor ist die Idee des Individualismus derart offensiv in Konkurrenz zu jeder Art von Bindung getreten, auch in Konkurrenz zu familiären Bindungen. Unabhängigkeit meint ja ganz wörtlich, von niemandem abhängig zu sein, weder als Gebender noch als Nehmender. Was aber, wenn wir plötzlich und unerwartet doch gebraucht werden?

Für viele bedeutet es bereits eine tiefe Zäsur, wenn sie Eltern werden. Auch für mich. Es war ein ebenso erstaunlicher wie langwieriger Lernprozess, mit Ende dreißig dazu, nach einem mehr als erfüllten Berufsleben. Bis zum neunten Monat arbeitete ich fürs Fernsehen, machte Filme, saß im Schneideraum, stand mit üppigem Babybauch vor der Kamera und moderierte. Dann kam mein Kind, mein ersehntes, willkommenes Wunschkind. Doch erst dieser neue Mensch in meinem Leben lehrte mich, dass die Liebe nicht zählt ohne die Bereitschaft, buchstäblich alles zu geben. Ohne kleinliche Kompromisse. Kinder sind keine Accessoires, die man sich leistet, wenn man alles andere schon hat. Sie fragen nicht danach, ob ihre Bedürfnisse und Wünsche ins Selbstbild der Eltern passen, sie brauchen uns und machen uns unmissverständlich klar, dass wir für sie verantwortlich sind.

Im besten Fall wachsen wir daran, lernen Geduld, Hingabe, Güte. Nehmen durchwachte Nächte hin, volle Windeln und

Milchflecken auf dem Lieblingsjackett, stolpern stoisch und ohne Grimm über Bauklötze im Wohnzimmer. Sitzen später staubtrockene Elternabende ab, fahren in turbulente Kinderhotels, lesen stundenlang vor, hören zum hundertsten Mal *Benjamin-Blümchen*-Kassetten. Und das auch noch gern. Wir denken nicht nur darüber nach, was wir wollen, sondern auch darüber, was unsere Kinder brauchen. Wir lieben und werden geliebt. Bedingungslos. So ertragen wir die neue Erfahrung, gebraucht zu werden. Und können sogar glücklich darüber sein. Ja, es stimmt: Heute werde ich gern gebraucht. Von meinem Sohn.

Je später wir allerdings Kinder bekommen, desto schwieriger ist es für viele, sich in der Kunst der Selbstrücknahme zu üben. Wer sein Leben damit verbracht hat, sich freizuschwimmen, ist schlecht darauf vorbereitet, plötzlich wieder in abgezirkelten Bahnen zu kraulen. Selbst die Partnerbeziehungen sind, solange sie kinderlos bleiben, von der Überzeugung geprägt, man müsse sich unbedingt gegenseitig maximale Freiheiten zugestehen. Wir kennen sie doch, diese Paare, die sich in einer Zweckgemeinschaft zur Lebensoptimierung eingerichtet haben, in einer Kleinst-WG aus zwei Singles, die sich jeweils selbst am nächsten sind. Der alte Song aus den Siebzigern: »Don't fence me in – Sperr mich nicht ein«, ist die Hymne dieser Lebensform, »lass mir meine Freiheit, steh mir bitte nicht im Wege.« Und wahrhaft aufgeklärt gilt solch eine Ehe erst dann, wenn man getrennt in Urlaub fährt. Umgekehrt werden extrem symbiotische Beziehungen als therapiebedürftig erklärt. »Bloß nicht klammern«, raten die Freunde, raten professionelle Ratgeber, »mach dein eigenes Ding.« Enge Bindungen gelten wahlweise als Zeichen von Unselbständigkeit oder gar Regression, bedingungslose Bindungen als Problem.

Immerhin: Wir geben die eingeübte Distanz freiwillig auf, wenn es um unsere Kinder geht, wenn sie uns neue Fragen danach stellen, wie wir leben wollen, wie viel wir geben, auch, wie viel wir aufgeben können. Oft ändert sich dadurch die Beziehung zum Partner, nicht alle Paare halten übrigens diesem Bindungstest stand. Das unausgesprochene Agreement, sich gegenseitig Freiheiten zuzugestehen, wird mit Kindern hinfällig, Unverbindlichkeiten finden ein jähes Ende. Einen Partner kann ich vertrösten, wenn ich an seinem Geburtstag arbeiten muss, meinem Kind kann ich das nicht erklären. Commitment ist gefragt. Wir verzichten auf liebgewonnene Freiheiten wie Urlaube jenseits der Schulferien oder spontane Kinoabende, auf alles, was unsere unabhängige kinderlose Existenz uns erlaubte. Im glücklicheren Fall vermissen wir dies nicht, weil wir durch die innige Beziehung zu unseren Kindern reich belohnt werden.

Von den Eltern gebraucht zu werden, das ist etwas ganz anderes. Da wird mit einem Mal Nähe verlangt, die jahrelang, oft jahrzehntelang planvoll verlernt wurde. Doch gerade die Kinder sind es, die uns einen neuen Blick auf die Eltern bescheren. Ich habe es selbst erlebt, staunend, manchmal fast widerwillig, am Ende mit der Einsicht, dass die Logik des Generationensystems auch für mich gilt: Erst wenn man selbst Kinder hat, entwickelt man wirkliche Empathie für die eigenen Mütter und Väter.

Die Töchterfalle

Wir alle haben eine mehr oder weniger wechselvolle Geschichte mit unseren Eltern, mit unterschiedlichen Phasen von Nähe und Distanz. Die Entwicklung der eigenen Kinder reflektiert diese Phasen mit einem Mal. Es ist, als blickten wir in einen Rückspiegel. Und vieles, was wir in der eigenen Kindheit als lästig empfanden, befremdlich, ärgerlich, erscheint nun in einem neuen Licht. Heilsame Déjàvus. Hast du dein Pausenbrot gegessen? Bindest du auch immer den Schal um? Komm nicht so spät nach Hause. Die Sorge bis hin zur Besserwisserei, die notorischen Versuche der Eltern, Einfluss zu nehmen, alles das also, was uns mit zunehmendem Alter unwillig werden und auf Abstand gehen ließ, kehrt wieder, wenn wir selbst nicht anders können, als für unsere Kinder das Beste zu wollen. Erst durch die Liebe zu unseren Töchtern und Söhnen erkennen wir die Liebe unserer Eltern in ihrem ganzen Ausmaß. Und müssen uns fragen: Was dürfen unsere Eltern im Alter von uns verlangen? Haben sie das Recht auf jene Unbedingtheit, die wir als Kinder einst so ahnungslos in Anspruch nahmen?
Susanne verzweifelt gerade an dieser Frage. Susanne, die toughe Anwältin, die sich spät für Kinder entschlossen hatte und plötzlich erfuhr, dass ihre Mutter nach einem Sturz im Badezimmer nie wieder laufen können würde. Gerade hatte sie sich auf ihren Nachwuchs eingestellt und neue Prioritäten gesetzt. Eine kranke Mutter aber, das war das Letzte, womit sie gerechnet hatte. Dennoch reagierte sie sofort auf den

Notfall und nahm ihre Mutter auf. Susanne hat erst einmal Urlaub genommen, vier Wochen sind bereits vergangen, wie es weitergehen soll, weiß sie nicht. »Ich bin mittendrin in der Töchterfalle«, klagt sie. »Weil ich selbst Kinder habe, weiß ich jetzt, wie man sich als Mutter fühlt. Und da fällt es viel schwerer, einfach zu sagen: ›Wer Hilfe braucht, kommt ins Heim.‹ So einfach ist das nicht. Auch wenn meine Mutter mich manchmal zum Wahnsinn treibt – abschieben kann ich sie nicht. Das bringe ich nicht übers Herz.«

Der Hilferuf der alten Eltern klingt anders, wenn man selbst Kinder hat. Als Eltern wissen wir, mit welch unerschütterlicher Liebe Mütter und Väter an ihre Kinder glauben, wie straff das lose Band der Familienzugehörigkeit plötzlich gespannt ist, wenn wir aufeinander angewiesen sind. Doch die so genannte Sandwich-Generation zwischen alten Eltern und kleinen Kindern muss wie nie zuvor den Zwiespalt zwischen tief verinnerlichten Selbstverwirklichungswünschen und intuitiven Bindungswünschen aushalten. Wir sind froh, wenn wir als Eltern die Balance zwischen Selbstbestimmung und Liebe überhaupt hinbekommen, jeden Tag aufs Neue. Dazu von den eigenen alten Eltern gebraucht zu werden, markiert deshalb für viele eine Lebenskrise.

Was, wenn man dieser neuen Liebespflicht ohne Wenn und Aber nachkommt? Was passiert mit uns, wenn unsere eigenen Bedürfnisse noch stärker in den Hintergrund geraten? Krisenmanagement ist gefragt. Aber so cool, wie das klingt, fühlt es sich nicht an. Der Mix aus Liebe und Schuldgefühlen, aus existenziellen Ängsten und Freiheitsimpulsen fegt alle Gewissheiten fort. Wie viel Nähe möchte ich, wie viel Distanz brauche ich? Was erwarten die Eltern? Wie werde ich meinen Kindern gerecht, wenn ich mich intensiv um die Eltern kümmere? Muss ich mich den Eltern verweigern, um meine Familie zu retten?

Musterschüler

Seit ich nachfrage, hinsehe, wissen will, wie andere mit ihren alten Eltern umgehen, weiß ich: Jeder reagiert anders auf das Gebrauchtwerden. Die Skala reicht von spontaner Selbstaufgabe bis hin zu vehementer Ablehnung. Und das ist offenbar kein Zufall. Erklärungen liefert die Bindungsforschung, eine noch junge wissenschaftliche Disziplin, die über Generationen hinweg das Beziehungsverhalten von Menschen beobachtet. Eine wichtige Rolle scheint demnach zu spielen, wie eng die Bindung an die Eltern ist, die man als Kind aufgebaut hat. Was danach kam, Zerwürfnisse, Entfremdungen, Trennungen, das schrumpft zur flüchtigen Episode.

Bindungsforscher fanden heraus, dass wir in allen Lebenslagen, vom Büroflirt bis zur Sterbebegleitung, unbewussten Mustern folgen, früh erlernt, selten reflektiert. Wenn überhaupt, fallen uns diese Muster erst auf, wenn wir selber Eltern sind, weil sie besonders auffällig im Verhältnis zu unseren Kindern aktiviert werden. Ob wir Kälte zeigen, uneingeschränkte Liebe, Fluchtimpulse oder selbstverständliche Hilfsbereitschaft, hat zumeist die Wurzeln in der eigenen Kindheit. Solche Muster bestimmen auch unsere Reaktion auf hilfsbedürftige Eltern.

Als die Mutter meiner Freundin Ellen mit einem Zuckerschock auf die Intensivstation kam, zuckte Ellen nur mit den

Schultern. »Okay, sie ist meine Mutter«, sagte sie lapidar. »Na und? Ganz ehrlich: Ich empfinde so gut wie nichts für sie.« Ellens Kindheit muss ein Alptraum gewesen sein, Lieblosigkeit, Schläge, Angst, manchmal erzählte sie mir davon. Und ich kenne auch Ellens Mutter, eine Frau mit jener unerträglichen Mischung aus Sentimentalität und Gefühllosigkeit, die abstoßend wirkt. Als Ellens Bruder nach einem Autounfall ins Krankenhaus kam, brach die Mutter in Tränen aus. »Wie soll ich nur damit fertig werden?«, schluchzte sie. »Was muss ich denn noch ertragen?« Um dann übergangslos fortzufahren: »Sag mal, soll ich mir einen neuen Kühlschrank kaufen? Der alte tut es nicht mehr richtig.« Das war ihr einziger Kommentar zu dem Unfall. Angerufen oder besucht hat sie den verunglückten Sohn nicht. Genauso wenig, wie Ellen ihre Mutter jetzt im Krankenhaus besucht.

Ganz anders reagierten Freunde auf Notsituationen der Eltern, wenn sie sich als Kind geliebt gefühlt hatten. Sie brachen Urlaube ab, verließen auf der Stelle ihren Schreibtisch, ließen alles stehen und liegen, um sofort zur Stelle zu sein. Ohne zu zögern, ohne abzuwägen. Erst nach diesem ersten Impuls stellten sie häufig fest, dass hilfsbedürftige Eltern eigentlich nicht in ihr Leben passten. Offenbar sind wir einem geheimen Masterplan des Sozialverhaltens ausgeliefert, von dem wir oft nicht die leiseste Ahnung hatten. Genau aus diesem Grund kommt es zum Zwiespalt, zur Verunsicherung, was das Richtige ist.

Susanne, die Anwältin, die spontan ihre Mutter aufnahm, ist das beste Beispiel dafür. Hätte man sie vor zehn Jahren gefragt, ob sie später einmal ihre Mutter pflegen würde, hätte sie das vermutlich verneint. Jetzt aber, unmittelbar in die Situation geworfen, glaubt sie, keine Wahl zu haben. Sie liebt ihre Mutter, und sie fühlt sich ihr verpflichtet. Auch wenn es ihr ungeheuer schwer fällt. Auch wenn sie gerade durchstarten wollte in ihrem Anwaltsberuf, sich selbständig machen mit einer eigenen Kanzlei – im Moment ist dieser Plan in weite Ferne gerückt.

Doch ganz gleich, welchem Muster wir folgen: Gebrauchtwerden ist das Ende der modischen Unabhängigkeitsdoktrin. Und das Ende der Selbstverwirklichung als egozentrischem Lebensmodell. Mit solch liebgewonnenen Selbstverwirklichungslügen kommen wir nicht mehr weiter, es sei denn, wir stellen uns blind und taub und verweigern jegliche Anteilnahme. Kaum jemandem wird solch steinerne Ignoranz gelingen. Mit einem Mal reicht es nicht mehr, sich als Individuum zu definieren und alles daranzusetzen, die eigene Existenz zu optimieren. Wir entdecken die Familie. Was mit den Kindern begann, wird ein zweites Mal akut, wenn unsere Eltern uns brauchen: Wir erfahren uns als soziale Wesen.

Mit einem wichtigen Unterschied: Kinder sind heute meist geplant, wenn es gerade passt. Notsituationen der alten Eltern dagegen treten meist wie aus heiterem Himmel ein, wir müssen uns unter Zeitdruck entscheiden, ohne Aufschub – und wir können nicht einmal genau wissen, worauf wir uns einlassen. Bei Kindern ist uns bewusst, wie intensiv sie uns fordern, über viele Jahre, aber parallel verläuft ein Abnabelungsprozess, sukzessive erlangen wir unsere alten Freiheiten zurück. Wenn wir aber unsere Eltern pflegen, ist nicht abzusehen, wie lange dieser Zustand dauern wird. Monate,

Jahre, Jahrzehnte? Alles, was wir wissen, ist, dass sie nicht weniger, sondern immer mehr Unterstützung brauchen werden. Selbst wenn wir sie in ein Heim geben, bleibt die Ungewissheit, wie lange sie dort sein werden, ob sie das ertragen, auch, ob das Geld für ein langes Siechtum reichen wird. Das offene Ende macht Angst.

Pflichtgefühl

Das Wort tauchte unversehens in meinem Kopf auf, es kommt in unserem Sprachgebrauch nicht vor, aber es erscheint mir passend: Liebespflicht. Ein Widerspruch in sich? Niemand mag das Wort »Pflichterfüllung«, es klingt nach überholten Sekundärtugenden aus dem Wörterbuch gusseisernen Preußentums, nach Ordnung, Pünktlichkeit, Disziplin. Wir sprechen von der »ungeliebten Pflicht« – und ziehen die Neigung vor. So viel Hedonismus muss schon sein, auch wenn immer wieder das Ende der Spaßgesellschaft ausgerufen wird. Klar, wir engagieren uns, im Job, im Fußballverein, aber das ist eine persönliche Entscheidung. Pflicht klingt wie etwas Verordnetes, nach einem ferngesteuerten Programm, das uns aufgezwungen wird.
In meinem Elternhaus war die Pflicht ein völlig selbstverständlicher Begriff. Ein Pfarrhaus auf dem Lande, das war ein Haus, in dem der Vater immer im Dienst war und in dem auch die Pfarrfrau und die Kinder stets gefordert waren. Zu jeder Tageszeit konnte es an der Tür schellen, es wurde immer geöffnet. Schon frühmorgens erschien der Organist und besprach die Choräle und Kantaten für den Sonntags-

gottesdienst, dann überbrachte vielleicht ein Angehöriger die Nachricht eines Sterbefalls, der Nächste wollte sein Kind für den Konfirmandenunterricht anmelden, abends kamen die Brautpaare zum Traugespräch.

Jeder durchreisende Bettler bekam ein Butterbrot, egal, wie abgerissen er war, manchmal zum Entsetzen von uns Kindern, wenn wir Landstreicher in unserer Küche entdeckten, die man damals nachsichtig »Tippelbrüder« nannte. Meine Mutter kochte ungerührt Kaffee und hörte ihnen zu. Zweimal im Jahr klingelte ein Vagabund an der Tür, der Frauenkleider und einen goldenen Ohrring trug und vom Karneval in Venedig erzählte, wo er sich vergnügt hatte. Andere waren einfach nur elend, in Lumpen, heruntergekommen und schmutzig. Aber wir lernten, dass der liebe Gott alle Menschen ansieht und mit Namen kennt und dass man sich nicht verweigern darf.

Pflicht? Ja, Pflicht, nicht Option. Liebespflicht? Im Sinne der Nächstenliebe: ja. Niemand entzog sich dieser Pflicht. Mein Vater war ständig unterwegs, machte Besuche, hielt Gottesdienste, Trauungen, Beerdigungen, fuhr ins Zeltlager, organisierte Kirchenvorstandssitzungen und Lektorenkreise. Meine Mutter leitete den Kirchenchor und verschiedene Frauengruppen, wir Kinder halfen im Haushalt und im Garten, spielten auf Gemeindefesten Klavier oder traten tanzend und singend auf, in Kostümen, die meine Tante nähte. Natürlich sangen wir auch im Kinderchor und im Kirchenchor, erschienen bei Bibelkreisen, spielten Völkerball in der Jugendgruppe und Geige bei Kirchenkonzerten. Wir bastelten Laternen im Herbst, Strohsterne im Winter und Osterschmuck im Frühjahr – was eben gebraucht wurde. Es war

das, was man ein »tätiges Leben« nannte, keine Fron, sondern Christenpflicht.
So bin ich aufgewachsen. Manchmal denke ich mit Verwunderung an diese Welt, die so fern ist, verwunschen fast mit all ihren Ritualen und Aufgaben, die wenig Raum ließen für die Frage: »Wo bleibe ich?« Eher war es umgekehrt: Selbstverwirklichung – auch wenn das Wort damals völlig unbekannt war – fand statt in inniger Beziehung zu den Menschen, mit denen und für die wir lebten.
Unser Haus war meist voll, Tanten, Onkel und Großeltern besuchten uns, Vikare bezogen das Gästezimmer, durchreisende Missionare und Referenten blieben zum Essen, im Sommer kamen die fünf schmalen, blassen Cousins und Cousinen aus dem Ruhrgebiet und machten Ferien auf dem Lande. Es war ein offenes Haus, und abends saßen wir meist an einer langen Tafel. Sicher, es gab Hilfe, Hausmädchen, die mit uns Kindern spielten, eine von ihnen, Gila, bis heute heiß geliebt, brachte mir sogar das Laufen bei, es gab Omas, die kochten, bügelten und einweckten. Aber jeder Tag war voller Arbeit, für alle.
Ungeliebte Pflicht? Nein. Die ängstliche Selbstbezogenheit, die mir heute so oft begegnet, war uns fremd. Und so war es für meine Eltern selbstverständlich, dass sie meine Großmutter mütterlicherseits bis zu ihrem Tod im eigenen Haus pflegten. Bis sie »einschlief«, wie sie es nannten. Meine andere Großmutter starb einen plötzlichen Herztod, meine Großväter waren bis zum Tod ebenfalls in der Familie gepflegt worden. Für andere da sein, das war keine Last. Es war eine Welt, in der es sicher auch Einzelgänger gab, Verweigerer, Egoisten, doch für uns und für die Menschen, mit

denen wir zusammen waren, hatte das Gebrauchtwerden keinen Schrecken. Wir waren sogar stolz darauf.
In dem kleinen Dorf, in dem ich aufwuchs, gab es ein Pflegehaus. Ein magischer Ort. Dort lebten seltsame Gestalten, alte und jüngere, die meisten galten als verrückt, und sie waren es auch. Alle Spielarten waren zu besichtigen, Demenz, Neurosen, Autismus, Schizophrenie, aber damals nannte man sie nur »wunderlich«. Es zog mich unwiderstehlich hin zu ihnen. Nachmittags ging ich oft in den alten, düsteren Fachwerkbau und spielte Verstecken mit Heidrun, der Tochter des Heimleiters. Sie näherte sich den Bewohnern so unbefangen, wie man mit zahmen Raubtieren umgeht. Alle waren sie unheimlich, unberechenbar, skurril, aber was mir auffiel: Jeder tat etwas, half beim Kochen, flickte schadhafte Bettwäsche, putzte die Steinfliesen der großen Diele, strickte oder pflückte immerhin Blumen.
Sie mochten noch so verwirrt sein, jeder wurde gebraucht – und jeder wollte gebraucht werden. Opa Wagner zum Beispiel, mit dem langen weißen Bart und dem Strohhut, der unverständliche Dinge vor sich hin murmelte. Er malte Hühner, immer nur Hühner, die im Garten des Heims gehalten wurden, seine Bilder hingen überall. Nachdem er meine Mutter einmal in der Kirche hatte singen hören, war er so gerührt, dass er ihr am nächsten Morgen zum Dank ein Pfund Butter brachte. Oder Herr Wolf, der unseren Garten umgrub, stets mit einer kalten Zigarette zwischen den Zähnen. Anschließend wusch er sich die Hände, um auf unserem Klavier Walzer zu spielen, während meine Mutter mir jedes Mal schaudernd zuflüsterte: »Er hat seine Frau mit einem Beil erschlagen.« Trotzdem gab sie ihm das Gefühl, er

gehöre dazu, er werde gebraucht. Es war das Signal für Wertschätzung.
Das Pflegehaus war ein eigener Kosmos. Von seinen Kindern dorthin gebracht zu werden, galt damals als undenkbar für »normale« ältere Leute. Niemand, der Familie hatte, musste sich Sorgen machen, dort zu enden. Heute ist das alte Pflegehaus abgerissen, an seiner Stelle steht ein Altenheim. Ein moderner Zweckbau mit allen nötigen Einrichtungen. Wo die Opa Wagners und Herr Wolfs geblieben sind? Gebraucht werden sie sicher nicht mehr. Eher weggesperrt. Diese ganze Welt des alten Pflegeheims ist versunken. Und damit auch das System des Brauchens und Gebrauchtwerdens. Im Altenheim werden nur die Pfleger gebraucht. Die Insassen nicht.
Wie anders haben meine Eltern damals gelebt. In der Großfamilie, in der Gemeinde, in einem Kokon aus Beziehungen, Bindungen, Aufgaben, Pflichten. Und haben uns drei Kinder dennoch klaglos gehen lassen, meine Schwester war siebzehn, mein Bruder und ich waren achtzehn, als wir auszogen, für immer. Meine Eltern unterstützten uns, ermutigten uns, Trauer oder Sehnsucht haben sie nicht gezeigt. Nur immer wieder gefragt, wann wir denn das nächste Mal kommen. Zunächst waren wir in den Semesterferien noch für längere Zeit daheim, quartierten uns ein in unseren alten Kinderzimmern, in denen noch immer die Teddys auf uns warteten, die Kinderbücher, und wie früher saßen wir am Abendbrottisch. Dann wurden die Besuche kürzer, seltener. Als mein Vater in den Ruhestand ging, gab es in der neuen Wohnung keine Kinderzimmer mehr. Meine Mutter hat dennoch vieles aufgehoben. Sogar mein altes Kopfkissen, es

ist fast fünfzig Jahre alt. Schlafen mag ich nicht mehr darauf, es ist steinhart. Doch es rührt mich unendlich, dass sie diese Relikte aufbewahrt.

Unbrauchbar

Dass alte Eltern uns eines Tages brauchen, das zu akzeptieren fällt uns schwer. Dass alte Menschen aber lange vor Krankheit und Demenz als unbrauchbar gelten, gehört zu den Mechanismen der Missachtung, die wir heute selbstverständlich hinnehmen. Sie werden zu Hilfsempfängern degradiert, kein angenehmes Rollenfach in der Welt der Tüchtigen.

Noch haben sich ein paar Begriffe wie die »Altersweisheit« erhalten, die das Gebrauchtwerden als Möglichkeit zulassen. In der Politik gibt es den »Ältestenrat«, und man spricht respektvoll vom »Elder Statesman«, dessen Einschätzungen zuweilen abgerufen werden, weil man sich von der Erfahrenheit des »alten Hasen« einiges verspricht. In vielen Stadtstaaten des antiken Griechenlands war diese Wertschätzung institutionalisiert durch die so genannte Gerusie, die Versammlung der Ältesten. Sie genossen hohes Ansehen, wirkten bei der Rechtsprechung mit und hatten einigen politischen Einfluss.

Tempi passati. Wenn wir heute von brauchbar und unbrauchbar sprechen, tun wir das auf der Folie einer Leistungsethik, die allein wirtschaftlichen Erfolg zum Maßstab macht. Und übersehen wichtige Facetten des Gebrauchtwerdens. Noch immer übernehmen viele Großmütter die Erziehung ihrer Enkelkinder, weil die mittlere Generation arbeitet. Noch immer gibt es Großeltern, die im Haushalt helfen, im Garten herumwerkeln, die Kinder von der Schule abholen. Irgendwann lassen ihre Kräfte nach, was sie jedoch spät oder nie verlieren, sind die »Soft Skills« unverwechselbarer Großelternliebe, Langmut, Güte, Geduld. Wenn man sie denn zulässt.

Wir geben unseren Eltern gegenüber ungern zu, dass auch wir auf sie angewiesen sein könnten. Wir befürchten Einmischung, Diskussionen, den Kampf der Lebensstile. Wir fragen nicht um Rat, weil wir die Kritik fürchten. Und enthalten unseren Kindern die Großeltern vor, die doch im kindlichen Mythenreich zuweilen wie huldreiche Feen und gute Geister auftreten könnten. Weil sie aus der Gelassenheit des Alters heraus ihre Enkelkinder verwöhnen und ihnen Freiheiten lassen, die im Erziehungskonzept der Eltern tabu sind.

Ich habe meine Eltern nie in die Pflicht genommen, was meinen Sohn betrifft. Auch er kennt nur den Part, Gast zu sein. Flüchtiger Gast. Heute bedauere ich es, dass ich meinen Eltern die Gelegenheit zur Erfüllung ihrer Liebespflicht verweigert habe. Ich tat es nicht aus Vorsatz. Sondern weil ich weit entfernt lebe und, ich muss es mir eingestehen, weil ich so lange mit dem Muttersein gewartet habe. Dadurch habe ich meinem Sohn – unwissentlich, ja, aber was heißt das schon – die Großeltern genommen, die für ihn hätten da sein können: jung genug, um dem Temperament eines Kindes standzuhalten, stark genug, um mit ihm etwas zu unternehmen. Ich habe meinen Eltern nicht geben können, was sie sich sicherlich gewünscht hätten: von ihrem Enkelkind und von mir gebraucht zu werden. Späte, allzu späte Erkenntnis.

Meine Eltern haben nie wirklich Ansprüche an uns Kinder gestellt. Vielleicht habe ich die Erwartungen auch überhört, weil sie unbequem waren. Und ließ mich blenden davon, dass meine Eltern bis vor kurzem selbst noch gebraucht wurden, dort, wo sie leben. Dass sie trotz ihres hohen Alters Seniorenfahrten veranstalteten, Andachten hielten, Kirchendienst versahen. Meine Mutter leitet heute mit ihren achtzig Jahren noch immer einen Singkreis und einen Tanzkreis für ältere Menschen. Für sie wäre es furchtbar, nicht mehr gebraucht zu werden. Dass sie uns Kinder braucht, sagt sie nicht. Sie fragt, wann wir sie wieder besuchen. Das Wichtigste bleibt unausgesprochen: dass wir einander brauchen.

2

Das kommt viel zu früh

Die Weigerung, erwachsen zu werden

Es ist eines dieser Gesellschaftsspiele. Wenn wir aufgefordert werden, das Alter eines Menschen zu schätzen, befällt uns tiefe Verlegenheit. Jetzt nur nichts Falsches sagen. Wir haben eine Vermutung, schwindeln die gedachte Zahl dann aber großzügig ein paar Jahre herunter. Mit etwas Glück haben wir richtig falsch getippt. Und wenn man heute überhaupt jemanden nach seinem Alter fragt – Vorsicht! Tabufrage! –, zerfällt die Antwort zumeist in zwei Teile. Zunächst kommt die nüchterne Altersangabe, dann versichert uns der Gefragte, dass er sich wesentlich jünger fühle. Und setzt vielleicht noch hinzu, sein Arzt hätte ihm gerade beim letzten Check-up bescheinigt, sein biologisches Alter betrage mindestens zehn Jahre weniger. Spätestens jetzt schaut uns das Gegenüber auffordernd an. Na, los doch! Wir sollen verblüfft sein und das gefälligst auch sagen: »Wirklich? So alt schon? Ich hätte dich viel jünger geschätzt!«

Ergraute Youngster

Wer heute vierzig ist, empfindet sich im Grunde wie dreißig, wer fünfzig ist, wie, na ja, fünfunddreißig. Wer auch noch so wirkt, zumindest auf den ersten Blick, hat gewonnen beim Spiel des »Eigentlich-jünger-Seins«. Kein Wunder also, dass wir über das Altern wenig nachdenken, eher darüber, wie wir es aufhalten, kaschieren, überspielen können. Altern ist schlicht nicht sexy. Mode und Lifestyle feiern und verstärken dieses jünger gefühlte Alter. Niemand wundert sich über einen Sechzigjährigen, der Jeans trägt und ins Fitnessstudio geht. Der Kodex dessen, was als altersgerecht empfunden wird, hat sich in den letzten Jahrzehnten stark gelockert. Verschwunden sind die Matronen und die gesetzten älteren Herren meiner Großelterngeneration, die ganz selbstverständlich die Attribute ihrer Betagtheit zeigten. Allenfalls in den Einwanderervierteln großer Städte sieht man sie noch, verwitterte alte Männer im amtlichen Outfit, dunkler Dreireiher, weißes Hemd, Schiebermütze. Sonst aber: der »jung gebliebene« Freizeitlook von Tchibo bis Ralf Lauren, von der Wiege bis zur Bahre.

Meine Großmutter, Jahrgang 1900, wäre nie auf die Idee gekommen, in Shorts am Strand von Mallorca entlang zu flanieren. Sie besaß nicht einmal eine Hose, an einem Strand war sie nie. Irgendwann hatte sie völlig selbstverständlich den Dresscode der älteren Generation übernommen und war alles andere als unglücklich dabei. Und ich, ich mochte ihre gemusterten »Oma-Kleider«, ihre silbergraue Dauerwelle, ihre gestärkten Nachthemden, sogar die Schürze, die sie trug. Das alles hatte eine eigene Würde. Meine Großmutter, die oft bei uns »einhütete«, wenn meine Eltern unterwegs waren, übernahm dann ebenso selbstverständlich ihre Rolle als Familienoberhaupt. Wir nannten sie respektvoll unsere »Hauptmutter«, denn ihre Erziehungsmethoden und ihre Autoritätsansprüche waren weit rigider als die unserer Eltern. Da flog schon mal ein Scheuerlappen durch die Luft, oder es wurde drohend ein Finger gehoben. Wir liebten sie auch dafür. Wir wollten keine moderne Oma.

Heute wäre es unvorstellbar, dass eine Frau über fünfzig sich kleiden würde wie meine Großmutter. Sicher, bauchfreie Tops und Sneakers mit offenen Schnürsenkeln überlassen wir gern den echten Youngsters, doch wir wären empört, wenn man uns von einem bestimmten Lebensalter an die Seniorenuniform verordnen würde – Gesundheitsschuhe, steingraue Popelinemäntel, dazu den Schonkostteller am Ende der Speisekarte. Die mittlere Generation zwischen fünfunddreißig und fünfundfünfzig empfindet sich oft gar nicht als Zwischengeneration, sie orientiert sich an wesentlich Jüngeren und fühlt sich ihnen selbstredend zugehörig.

Als ich zum ersten Mal ernsthaft darüber nachdachte, dass meine Eltern sterben könnten, war die Illusion des »Forever young« vorbei. Endgültig. Denn wenn die Eltern nicht mehr leben, werden wir nachrücken in die Großelternliga, ob wir wollen oder nicht. Rein rechnerisch kann man zwar mit vierzig durchaus Großmutter sein, aber die Wahrscheinlichkeit sinkt, je später man Kinder bekommt. Solange man kleine Kinder hat, gehört man einer diffus jungen Altersklasse an, auch wenn man beim Elternabend in der Schule gelegentlich feststellen muss, dass man selbst die Vierzig überschritten hat, auf dem Nachbarstuhl aber eine Achtundzwanzigjährige sitzt. Und dass man das Kleingedruckte auf dem Zeugnis nicht mehr ohne Brille lesen kann. Späte Eltern verschieben im Selbstversuch die Lebensphasen nach hinten. Und tatsächlich fühlt man sich wesentlich jünger, wenn man mit dem eigenen Krabbelkind auf den Spielplatz geht, statt mit dem Enkelkind. Obwohl man theoretisch längst dreifache Großmutter sein könnte.

Neuauflage

»Das kommt viel zu früh«, diesen Stoßseufzer hörte ich zum ersten Mal von meinem Freund Andreas, an seinem fünfzigsten Geburtstag. Er hatte gerade erfahren, dass sein Vater dement war, kein nennenswertes Orientierungsvermögen mehr besaß und dass er nicht mehr allein in seiner Wohnung bleiben konnte. Andreas' Mutter war seit langem kränklich, sie konnte den Vater nicht pflegen. Und nun? Mit aller Kraft bäumte er sich gegen diese unvermutete Wendung auf. Er war regelrecht wütend. Zu früh, fand er, sollte er in die Pflicht genommen werden, zu früh deshalb, weil hilfsbedürftige Eltern nicht zu seinem Lebensgefühl passten: So alt sei er doch noch gar nicht. Andreas ist zum zweiten Mal verheiratet, hat zwei kleine Kinder, die erste Ehe war kinderlos geblieben. »Ich bin noch mal richtig durchgestartet«, diesen Satz hatte ich oft von ihm gehört. Es klang gut, wie er das sagte. Nach Aufbruch, nach Optimismus, nach Zukunft.
Andreas hat nicht nur ein zweites Mal geheiratet, er ist begeis-

tert von der Vorstellung, eigenmächtig und selbstbestimmt noch einmal sein Leben auf Anfang gerollt zu haben. Wie einen Film, der beim ersten Mal verwackelt und unscharf abgespielt wurde, nun aber lebensecht und in brillanter Schärfe zu sehen ist, mit frisch beatmeten Szenen eines Familienlebens, das beim ersten Durchgang mausetot war. Halt – der Vergleich datiert mich zurück ins mechanische Zeitalter, ich müsste sagen: Er hat die Delete-Taste gedrückt, das Alte gelöscht und etwas Neues aufgenommen.

Eine neue Frau, eine neue Familie, eine neue Wohnung – kein Wunder, auch Andreas empfindet sich wie neu. Gut, er ist fünfzig, aber was bedeutet das schon? Die zweite Chance, der zweite Beginn, früher sprach man noch altväterlich amüsiert vom »zweiten Frühling« – Andreas hat, ohne dass er das auf diese Weise formulieren würde, die Zeit zurückgedreht. Umso schockierter war er, als die Nachricht vom dementen Vater ihm quasi über Nacht eine neue Lebensphase aufdrängte. »Bald schon werde ich der Älteste in der Familie sein«, sagte er sichtlich befremdet. »Aber ich als Familienoberhaupt?« So hatte er sich nicht wahrgenommen. So wollte er sich auch nicht wahrnehmen. Er war doch immer noch der hoffnungsvolle Sohn, der Macher, der es nicht zuletzt dem starken Vater beweisen wollte. Da wirkte die Nachricht von der Hilfsbedürftigkeit der Eltern wie ein unsanfter Tritt aufs Bremspedal.

Und überhaupt – auch seine Frau hatte doch gerade ganz andere Sorgen, arbeitete in einer Elterinitiative, ging zweimal in der Woche mit den Kindern zum Junior-Sport, machte nebenbei ein Fernstudium, um nach ein paar Jahren Kinderpause wieder arbeiten zu können. Es sollte vorwärts gehen, nun aber lähmte ihn die Vorstellung, sich um die Eltern kümmern zu müssen und schon bald deren Position einzunehmen. Das hätte schließlich bedeutet, sich dem eigenen Altern zu stellen. Genau das aber hatte er erfolgreich aus seiner Selbstwahrnehmung gelöscht.

Zurück auf Los

Der Satz »Das kommt viel zu früh« ist der Stoßseufzer einer Generation, die sich fest vorgenommen hat, nicht erwachsen zu werden. So langweilig erwachsen und ältlich wie die eigenen Eltern, versteht sich. So reptilienhaft erstarrt und ungelüftet, wie man sich das Greisentum vorstellt, das quasi übergangslos auf die Jugend, die ausgedehnte, gestreckte, überdehnte Jugend folgt. Das ist zum einen sicherlich der juvenilen Alltags- und Konsumkultur geschuldet, jenem »Jugendwahn«, dessen leicht obszöne Dialektik sich darin offenbart, dass er umso offensiver vorangetrieben wird, je mehr ältere Menschen es gibt. Wir stellen nicht mehr in Frage, dass in einer beschleunigten Arbeitsgesellschaft Jugend mehr gilt als Erfahrung, dass ein spurenlos glattes Gesicht attraktiver ist als ein vom Leben gezeichnetes. Das alte Eisen muss verlieren gegenüber dem quecksilbrigen Fluidum der Jüngeren, das gefährliche Korrosiv des Alterns dagegen steht für Langsamkeit, mangelnde Flexibilität, Stillstand. Um Himmels willen, diesem Club möchte man auf keinen Fall angehören. Noch lange nicht. Eigentlich nie.

Ich sagte Andreas nicht, was ich über sein geliftetes Selbstbild dachte. So kannte ich mich ja selbst, halberwachsen, vorläufig, immer wieder neu am Start. Er wurde genauso wie ich auch von etwas eingeholt, wofür er keine Verantwortung trägt: dass die Heroisierung der Jugendlichkeit einer rasanten Verwirbelung biografischer Konzepte folgt, die sich nicht mehr linear lesen lassen. Weder beruflich noch privat kann ein heute Dreißigjähriger davon ausgehen, dass er zwei Jahrzehnte später noch genauso leben wird: mit derselben Frau, in derselben Wohnung, mit demselben Job.

Die Zeiten sind bekanntlich vorbei, als man die Kontinuität einer Arbeitsbiografie erwarten konnte, die Stetigkeit einer einmal getroffenen Ausbildungs- und Berufswahl. Stattdessen müssen wir uns auf Brüche, Gabelungen, U-Turns einrichten, auf Jobwechsel und Entlassungen, auf neue Berufsfelder und -profile, wenn die alten überholt sind. Zugleich verflüchtigen sich die Erwartungen an ein beständiges Familienleben, die Vorstellungen von festen Partnern, mit denen man dereinst die goldene Hochzeit feiern wird. Am Wegesrand bleiben die Expartner zurück, manchmal auch Kinder, aber der Wagen, der rollt, alles ist im Fluss, Trennungen und neue Bindungen gehören selbstverständlich dazu.

Diese Tendenz zur sprunghaft wiederholten Selbsterfindung erfordert die Fähigkeit, sich permanent revidieren zu können, flexibel auf Änderungen zu reagieren, allzeit bereit. Und das funktioniert nur auf der Basis notorischer Berufsjugendlichkeit, die zur unbewussten Strategie wird: Nicht ankommen, sondern unterwegs sein, nicht aufbauen, sondern umbauen. Lebenslanges Lernen statt Rückzug auf das einmal Erlernte. Immer wieder ereignet sich die persönliche »Stunde null« – wohl dem, der das mit jugendlichem Elan nimmt.

Diese Spirale erhält ihr Bewegungsgesetz aus der Atemlosigkeit und ihre Berechtigung aus der Fiktion der Selbsterneuerung. Die chronische Vorläufigkeit unserer modernen Existenz verschleiert die Tatsache, dass wir zwar immer wieder neu beginnen, doch gleichzeitig unwiderruflich älter werden. Die englische Sprache ist es mal wieder, die hübsche Begriffe für das Phänomen gefunden hat: »middle youth« und, noch prägnanter, »kidults«. Doch diese Kidults sind nicht etwa infantil, wie man vorschnell meinen könnte, sie erleben vielmehr Selbstfindung als lebenslängliche Schnitzeljagd und Biografie als serielle Versuchsanordnung mit wechselnden Randbedingungen.

Lieber tot als alt

Wenn die Eltern Hilfe brauchen, stößt das Konzept der verlängerten Jugendlichkeit an seine natürlichen Grenzen. Das ruhelose Demnächst weicht dem bleischweren Jetzt. Es fordert ein Innehalten, eine Selbstverortung. Und eine Bilanz: Wo stehe ich? Wer bin ich? Halte ich es gerade in diesem Moment aus, gebraucht zu werden? Vom Partner, von den Kindern und noch dazu von den Eltern? Bin ich bereit dafür? Mindestens so folgenreich ist die narzisstische Kränkung, was unsere Selbstwahrnehmung betrifft. Das Altern der Eltern zeigt uns im Zeitraffer, was uns dereinst erwartet, trotz Fitness, Wellness und gerontologischer Forschung. Kleinlaut müssen wir uns eingestehen, dass unser Alter so ganz anders aussehen könnte als in jenen Werbespots mit rüstigen Senioren im Grobstrickpullover, die auf fabelhaften Segelbooten

sitzen und der Sonne entgegenlächeln, versichert statt vergesslich, cholesterinfrei statt bettlägerig.
Die siebzigjährige Schwiegermutter meiner Freundin Freya stürzte vor kurzem in ihrer Wohnung, eine feine alte Dame mit untadeligen Seidenblusen und einer stets sorgfältig ondulierten Frisur. Einen Tag und eine Nacht lang lag sie im Flur, zwischen Küche und Wohnzimmer, unfähig, sich aufzurichten, dehydriert, in höchster Panik. Unerreichbar das Telefon, zu schwach die Stimme, um sich bei Nachbarn bemerkbar zu machen. Es war die Putzfrau, die sie rettete, sie hatte glücklicherweise einen Haustürschlüssel. Nun liegt Freyas Schwiegermutter schon seit Wochen im Krankenhaus, buchstäblich gebrochen, noch dazu plötzlich geistig verwirrt, eine Heilung ist unwahrscheinlich.
»So will ich nicht enden«, schloss Freya empört, als sie mir die Geschichte erzählte. Wir hatten uns vor der Schule getroffen, ihre Kinder sind etwas älter als mein Sohn. »Ich will selber bestimmen, wann Schluss ist. Sobald mir so etwas passiert, verabschiede ich mich. Zur Not fahre ich in die Schweiz und lasse mir den Giftbecher reichen. Immer noch besser, als dahinzudämmern wie meine Schwiegermutter. Wenn bloß die Kinder nicht wären – die wollen es mir dann bestimmt ausreden. Aber ich will auf keinen Fall, dass ich ihnen zur Last falle! Und noch weniger möchte ich, dass sie über meinen Kopf hinweg für mich entscheiden!«
Ich sah sie einigermaßen entgeistert an – was war mit ihr los? Litt sie unter einer Wahrnehmungsstörung? Hatte sie denn all die Jahre nie die alten Leute bemerkt, im Park, in der Bäckerei, auf der Straße, alte Leute, die langsam gehen, unsicheren Schritts, manchmal auf eine Gehhilfe gestützt, alte

Leute, die sich auf Bänken ausruhen, die beim Bezahlen an der Supermarktkasse unendlich lange in ihrem Portemonnaie nach Münzen kramen? Hatte sie wirklich noch nie über ihr Alter nachgedacht? Wie konnte es sein, dass erst die Not ihrer Schwiegermutter sie aufwachen ließ?
Freya ist Anfang fünfzig und sieht selbstverständlich einige Jahre jünger aus. Nur knapp zwanzig Jahre trennen sie von ihrer Schwiegermutter, erschreckend wenige. Ist es das? Die jähe Erkenntnis, dass das »Ewig-vierzig-Bleiben« eine zwar probate, aber umso lächerlichere Selbsttäuschung ist? Sie reagierte so, als ob das bevorstehende Alter mit all seinen Gebrechlichkeiten die persönliche Rache eines ungerechten Schicksals sei. Eines Schicksals, das sie auf keinen Fall akzeptieren wollte.
Lieber tot als alt – noch nie hatte ich diese Alternative so deutlich gehört wie bei Freya. Radikal gesagt: Für sie war Alter, das gebrechliche, entkräftete, machtlose Alter grausamer als der Tod. »Wie willst du denn sterben?«, fragte sie mich unvermittelt. Wie ich sterben will? Du liebe Güte. Was für eine Frage morgens um fünf nach acht. Ich überlegte kurz. »Wenn ich es mir aussuchen könnte, am liebsten wie meine Großmutter väterlicherseits, sie war sechsundachtzig, als sie morgens erwachte, sich im Bett aufrichtete und einen schnellen Herztod starb.« – »Siehst du«, sagte Freya triumphierend. »Und wenn dir der schnelle Tod nicht gegönnt ist, dann musst du ihn eben selbst organisieren. Oder willst du etwa leiden?« Nein, will ich nicht. Wer will das schon?
Die meisten würden den schnellen Tod vorziehen, vermute ich. Auch wenn ich neulich bei Seneca etwas ganz anderes

gelesen habe: »Was gibt es denn für einen besseren Lebensausgang, als ganz allmählich durch die Auflösung unserer Kräfte ins Ende dahinzugleiten? Nicht, als ob ein Schlaganfall oder ein plötzliches Lebensende ein Unglück wäre – aber ein allmähliches Dahinschwinden ist der sanftere Weg.« Der römische Philosoph schrieb diese Sätze an einen gewissen Lucilius, der sich in einem Brief beklagt hatte, »dass wir langsam zerpflückt werden wie die Blumen«. Hat Seneca trotzdem Recht? Ist es wirklich sanfter, den langsamen Verlust all dessen zu erleben, was uns unsere Existenz lebenswert macht, nicht zuletzt unsere Fiktion der Jugendlichkeit? Oder meinte er das als Chance, in Ruhe Abschied zu nehmen, das Leben Revue passieren zu lassen und den Tod schließlich anzunehmen?

Designertod

Den Tod verdrängen, das ist so abwegig, als ob man in einem abstürzenden Flugzeug die irrwitzige Hoffnung hegt, eine Überlebenschance zu haben. Den schnellen, schmerzlosen Tod herbeizusehnen, muss demgegenüber realistischer erscheinen, und doch: Wenn wir es tun, verhalten wir uns wie Reisende in einem Zug, dem versehentlich keine Bremse eingebaut wurde. Wir erwarten den finalen Halt, wollen ihn am liebsten selbst bestimmen und können doch nicht wissen, wann die Reise endet.

Das reizt zum Widerspruch, wenn nicht zur Intervention. Die Gestaltungshoheit über den Tod ist das letzte Tabu einer Lebenshaltung, die umfassende Kontrolle zur Qualitätsfrage macht. Nichts fürchten wir mehr als den Kontrollverlust, nichts weisen wir empörter von uns als die Vorstellung, wir könnten eines Tages der Willkür anderer Menschen ausgeliefert sein, den Unwägbarkeiten unseres Gesundheitszustands. Vor etwa zehn Jahren moderierte ich eine TV-Sendung über Sterbehilfe. Zu Gast sollte eine Frau sein, die für eine Schweizer Sterbehilfeorganisation arbeitete. Schwer zu sagen, was ich erwartet hatte, einen morbiden Sterbeengel oder eine ungeschlachte Henkerin, aber als die Frau ins Studio kam, war ich für einen Moment sprachlos. Es trat auf eine hochsympathische Dame Mitte sechzig, der man nicht nur auf der Stelle einen Gebrauchtwagen abgekauft, sondern gleich noch dazu das eigene Kind anvertraut hätte. Sie war etwas rundlich, hatte ein rosiges, strahlendes Gesicht und schneeweiß leuchtendes Haar. Selbstsicher setzte sie sich, lächelte neugierig in die Runde, und alles, was ich mir in Vorbereitung der Sendung ausgedacht hatte, passte plötzlich nicht mehr.

Ich fand die Angelegenheit heikel, hart am Rande des Voyeurismus, hatte wohl auch meine sorgfältig kultivierten Vorurteile, doch wie sollte ich dieser gewinnenden, gütigen Großmutter nun die erste Frage stellen, die auf meiner Moderationskarte stand: »Warum ist Ihr Geschäft der Tod?« Es klingt vielleicht seltsam, aber die freundliche Dame strahlte so etwas wie moralische Überlegenheit aus. Begründen kann ich das nicht, es war eine Tatsache. Ökonomische Berechnung jedenfalls mochte ich ihr nicht unterstellen, zu sendungsbewusst, zu erfüllt von ihrer Mission wirkte sie. Wir begannen zu reden, sie erzählte freimütig, und alles, was sie sagte, klang aus ihrem Mund gänzlich normal.

Ja, sie helfe Menschen beim Sterben. Den Giftbecher dürfe sie nicht reichen, auch nicht beim Trinken helfen, das sei gesetzlich verboten. Der Sterbewillige müsse das Glas selbständig an die Lippen führen, wenn er zu kraftlos dafür sei, bekomme er einen Strohhalm. Sie schilderte die Abschiedsszenen mit den Angehörigen, keine Dramen, wie sie versicherte, denn immer seien dem Willen zum Tod langwierige Diskussionen vorangegangen. Freudig, sagte sie, würden sich die »Todesmutigen« der festgelegten Prozedur fügen, einen Tag vorher die Anreise in ein bestimmtes Hotel, dann die Zeremonie des Abschieds, das Beruhigungsmittel, schließlich das schnell wirkende Gift. Es klang nach dem perfekten Designertod, käuflich zu haben, schmerzlos und selbstbestimmt. Ich konnte noch so investigativ auftreten, noch so kritische Fragen stellen, ich saß, ohne es zu wollen, in einer Werbesendung für den Freitod. »Viele bedanken sich bei mir«, erzählte die ehemalige Krankenschwester. »Sie sind unglaublich stark, haben sich alles hundertmal überlegt. Oft sind es chronisch Kranke, sie haben schlimme Schmerzen und Demütigungen hinter sich. Jeder muss für sich entscheiden, wie lebenswert er sein Leben empfindet. Auch Depressionen können peinigend sein. Jeder lebt in seiner eigenen Folterkammer, und jeder hat das Recht, ihr zu entfliehen.« Sie fand diese Arbeit nicht im mindesten deprimierend, im Gegenteil. »Als ich noch im Krankenhaus arbeitete, war es weit deprimierender. Wir konnten so wenig tun. Medizinisch – ja, schon, aber gegen die Verzweiflung, gegen Gefühle der Erniedrigung, gegen den Todeswunsch gibt es kein Mittel. Jedenfalls nicht in einem Krankenhaus, in dem Lebenserhaltung das oberste Prinzip ist.«

Haben Kinder ein Recht, haben sie sogar die Pflicht, den alten, kranken Eltern die Erfüllung des Todeswunsches zu verweigern? Können sie verhindern, dass geistig völlig intakte Eltern sich den Giftbecher verschaffen? Freya fürchtet sich davor, dass ihre Kinder sie daran hindern könnten. Könnte ich es meinem Sohn erklären, wenn meine Eltern – was für sie außerhalb jeder Vorstellung liegt – von fremder Hand sterben wollten? Würde er es mir zugestehen? In welch verstörenden Situationen mögen sich Kinder wiederfinden, wenn die alten Eltern keinen Lebenswillen mehr haben? Abwegig eigentlich die Vorstellung, dass Kinder sich das Recht herausnehmen, ihren Eltern zu sagen: »Das ist viel zu früh. Haltet durch.« Wozu, wenn die Eltern das nicht wollen? Um noch weiter Kind bleiben zu können? Du darfst nicht alt werden, dieser Imperativ gilt für alle, auch für alte Eltern.
Wie so oft, fiel mir erst einen Tag nach der Sendung ein, warum die locker vorgetragene Selbstverständlichkeit der Selbsttötung mich störte. Schlagartig wurde mir klar, dass damit ein neues verbindliches Modell Einzug halten würde, eine legitime Alternative zum Siechtum. Viele alte Menschen könnten auf die Idee kommen, dass sie – trotz unverminderten Lebenswillens – ihren Kindern auf diese Weise ungeliebte Pflichten ersparen sollten. Und viele erwachsene Kinder könnten, ausgesprochen oder nicht, ihren Eltern signalisieren: Wollt ihr euch, wollt ihr uns wirklich antun, eine Phase zu erleiden, die allen nur Arbeit, Komplikationen, Probleme schafft? Tut eure Pflicht und geht. Alles in mir sträubte sich dagegen – so darf es nicht sein.

Rückzugsgefechte

»Media via in morte sumus – mitten im Leben sind wir vom Tod umfangen«, schrieb einst Notker von St. Gallen. Ein Satz aus dem 9. Jahrhundert, aus einer Zeit mit einer hohen Säuglingssterblichkeit, in der überdies Kriege und Seuchen den Tod zu etwas Alltäglichem machten. Der Tod wohnte Tür an Tür mit dem Leben. Heute sind der Tod und der Weg dorthin unsichtbar für die, die ausschließlich an ihrer Jugend laborieren. Wenn wir uns aber auf den langen Abschied von unseren Eltern einstellen müssen, dann müssen wir uns zugleich auch von unserer Selbstinszenierung ewiger Jugend verabschieden. »Forever young« – das heißt für uns ja nicht nur, dass wir zeitlich unbegrenzt fit, attraktiv und energetisch daherkommen wollen, sondern auch auf ewig stark, selbstbestimmt, eigenverantwortlich.
Nein, so wird es nicht sein. Wahrscheinlicher ist: Eine Krankheit wird uns aushebeln, ein Sturz, ein Unfall. Das wollen wir umso weniger wahrhaben, je kleiner unsere Kinder sind. Als ich vom Zustand meines Vaters erfuhr, begann ich zum ersten Mal zu rechnen: Wenn mein Sohn zwanzig ist, werde ich Ende fünfzig sein, das klingt noch nicht sonderlich dramatisch. Aber wenn er erst mit vierzig Vater wird, dann bin ich schon Ende siebzig. Ein Pflegefall? Werde ich die Einschulung meiner Enkel erleben? Vermutlich. Ihre Hochzeit? Eher nicht. Urenkel? Keine Chance.
Mindestens ebenso bestürzend ist das Eingeständnis, dass man sich selbst nicht als schwach erleben will, als jemand,

der andere braucht. Nicht mal in einer vagen Vorstellung. Freyas Freitodfantasie mag eine Überreaktion sein, doch die Ängste, die aus ihren Überlegungen sprechen, nein, schreien, sind andere. Sie berühren unser Selbstwertgefühl. Was sind wir wert, wenn wir in einer Klinik liegen, angewiesen auf Hilfe, ausgeliefert einem Pflegepersonal, das wir uns nicht aussuchen können? Was bedeuten wir unseren Kindern, wenn wir ihre Unterstützung in Anspruch nehmen, wenn wir von ihnen gefüttert und gewindelt werden müssen? Wie passt unser Freiheitswille, unsere demonstrative Jugendlichkeit, unser Stolz, jünger zu wirken, zu dem Schreckbild greisenhafter Hinfälligkeit?

Konfrontiert mit der Gebrechlichkeit der Eltern, ahnen wir: Wir werden nicht nur Hilfe brauchen, wir werden sie auch annehmen müssen. So hatten wir uns das nicht ausgemalt. So hatten wir uns nicht gesehen. Eher doch irgendwo im Süden, am Meer, als glücklich verrentete Müßiggänger, die sich mit Yoga und Tai Chi fit halten. Alter als ewiger Urlaub. Oder zumindest als Urlaub zu Hause, aller Verpflichtungen ledig, die uns einst beschwerten. Endlich tun, was man immer schon wollte. Aber so wird es nicht sein. Nicht bis zum Lebensende. Noch auf dem Sterbebett jedoch werden wir vermutlich seufzen: »Das kommt viel zu früh ...«

Seit ich das Altern meiner Eltern in seiner ganzen Unausweichlichkeit betrachte, seit ich die Zeichen der Veränderungen aufmerksamer registriere, hat sich mein Blick auf alte Leute völlig verändert. Manchmal sehe ich im Café gegenüber einen älteren Herrn, den sie in Berlin »den letzten Playboy« nennen. Er trägt meist weiße Hosen, weiße Pullover, weiße Schuhe. Und eine weißgerahmte Brille. Weltberühmt

in Wilmersdorf. Auf den Fotos des regionalen Blitzlichtboulevards zeigt er sich stets mit zwei, drei sehr jungen Mädchen. Sie sind alle im gleichen Farbton blondiert wie er, nur ohne seine grauen Strähnen. Das Alter der vorgeblichen Gespielinnen entspricht dem seiner Enkelkinder, wenn er denn welche hat. Er ist schätzungsweise Mitte siebzig, etwa zehn Jahre jünger als mein Vater, mehr nicht.
Noch vor kurzem habe ich ihn lächerlich gefunden. Heute beobachte ich fast gerührt, wie er sich selbst die letzten Rückzugsgefechte liefert. Er sieht müde aus, müde seiner eigenen Show, aber er bewahrt Haltung, auf seine Weise. Sein Countdown läuft, er ist angezählt wie ein Boxer, der schon zu Boden sinkt, aber er gibt noch nicht auf, auch wenn jeder an seinem Taumeln erkennt, dass es ihn am Ende auf die Bretter reißen wird. Wer hätte das Recht, die Würde des Alters von ihm einzufordern?
Die Figur des »alten Gecken« ist ein beliebter Topos der Literatur. »Die Tragödie einer Entwürdigung« nannte Thomas Mann seine Novelle *Der Tod in Venedig*, deren gealterter Held sich noch einmal verliebt, in den schönen Knaben Tadzio, und alle Selbstachtung verliert, sich die Haare färben lässt, sich schminkt, um zu gefallen. Der schöne Knabe wird zum Todesboten, zum Hadesführer. Schon als ich in Teenagerzeiten diese Novelle zum ersten Mal las, gefiel mir das Motiv der Bestrafung nicht, das im Tod des alten Mannes liegt, der sich mit seiner späten Leidenschaft in den Augen seiner Mitwelt lächerlich macht. Eros und Thanatos zu verschwistern, ist die Rache des Schicksals – und des Autors – am Übermut dessen, der sich gegen sein Alter auflehnt, gegen die erotische Neutralität, die es ihm auferlegen soll.

Ich spürte wohl, dass sich der morbide Schmelz der Geschichte mit einem glücklichen Ende kaum eingestellt hätte, dennoch fand ich den tödlichen Ausgang ungerecht.
In vielen Romanen heute, von Roth bis Walser, ist nicht mehr der Tod die Strafe: Die alternden Männer sind letztlich ihre eigene Bestrafung. Sie wagen noch einmal alles und stoßen dann an die ausfransenden Grenzen ihrer Körper, leiden an ihrer Impotenz, zweifeln an ihrer Attraktivität. Es wäre zu einfach, das als peinliche Altherrenerotik abzutun. Diese traurigen Helden mögen unreif sein, eitel, unbelehrbar, fünf Jahrzehnte zuvor hätte man ihnen das zugestanden.
Früher sahen alte Leute für mich, nein, nicht alle gleich, aber doch sehr ähnlich aus. Jetzt versuche ich mir manchmal vorzustellen, wie sie als Kinder, als junge Erwachsene ausgesehen haben mögen, wie sie sich bewegt haben. Ich ahne jetzt: Sie sind gefangen in ihrem alten Körper, der ihnen sicherlich selbst fremd geworden ist, sie befinden sich wohl kaum freiwillig darin. Wenn sie in den Spiegel schauen, dann sehen sie vermutlich jemand anderen, den Menschen, der sie einmal waren. Auch ich entdecke anderes, wenn ich mir die Mühe gebe, über ältere Leute nicht einfach hinwegzusehen. Ich entdecke verblasste Schwerenöter, verlangsamte Draufgänger, resignierte Koketterie, ruhig gestellte Unternehmungslust. Eine letzte Spur davon. Es ist alles noch da, unter der Maske des Alters. Rätsel, die keiner mehr lösen will. Der Geist mag schwächer werden, die Muskeln schwinden, die Seele altert nicht. Oder, wie Hemingway sagt: »Die Altersweisheit gibt es nicht. Wenn man altert, wird man nicht weise, sondern nur vorsichtig.«

Vorsichtig – und ängstlich. Ein Drittel aller Menschen über 70 würden lieber den Freitod wählen als das Altersheim. Ein Drittel. Doch wer hat die Wahl?

Mein Freund Andreas hat seine Eltern mittlerweile in einem Heim untergebracht. Mit schlechtem Gewissen zwar, doch mit dem sicheren Gefühl, dass jetzt erst mal er selbst dran ist, dass er Zeit und Kraft für sich und seine Familie braucht. Es ist eines der besseren Heime, die Hälfte der Kosten wird von der Pflegeversicherung übernommen, den Rest teilt sich Andreas mit seinen Eltern. Ganz reicht deren Rente nicht für das hochfeine Stift. Dafür verzichtet Andreas zähneknirschend auf das Motorrad, für das er gespart hat, als Attribut des nur halb domestizierten Rock 'n' Rollers. Er wollte auch nach außen hin sichtbar der Easy Rider sein. Frei, unkonventionell, sportlich, jung.

Doch was ihn am meisten schmerzt: Er hat den starken Vater verloren, denjenigen, dem er etwas beweisen wollte. Nun fehlt die Instanz, und damit das unwiderstehliche Gefühl jugendlicher Stärke im Kontrast zum Alter. Der geheime Motor seiner unermüdlichen Selbsterfindungen existiert nicht mehr, ein Motor, der auch mit der Auseinandersetzung zwischen Vater und Sohn, mit Abgrenzungen, mit vitalem Streit befeuert wurde. Wem fiele nicht das Schillerwort ein: »Siehe, wir hassen, wir streiten, es trennt uns Neigung und Meinung; aber es bleichet sich indes dir die Locke wie mir.« Nun muss Andreas ganz aus sich heraus bestehen. Man könnte auch sagen: Er ist erwachsen geworden. Nicht freiwillig.

3

Meine Kinder gehen vor

Generationenduell zwischen Großeltern und Enkelkindern

»Meinen Eltern? Denen geht es prima. Na ja, etwas wackelig sind sie vielleicht, aber ich hatte endlich die rettende Idee: eine nette Polin, die bei ihnen im Gästezimmer schläft und rund um die Uhr auf der Matte steht, wenn die alten Herrschaften etwas brauchen!«

Wolfgang war schon immer ein Winnertyp. Einer, der alles im Griff hat. Und so wundert es mich nicht im Geringsten, dass er für seine Eltern schon eine Lösung parat hat, bevor sie überhaupt zum Problem werden könnten. Aha, denke ich, also eine Art Senioren-Au-pair. Warum auch nicht?

»Hm, legal ist das Ganze natürlich nicht gerade«, raunt Wolfgang mir verschwörerisch zu. »Aber wieso soll ich die Frau versichern und den ganzen Quatsch? Die will doch auch nur nach Polen zurück, wenn sie genug verdient hat. Sie hat ja selber Kinder und Eltern, so eine richtige Großfamilie.« Und dann? Er winkt ab. »Dann kommt die Nächste. Die stehen doch Schlange für so einen Job. Philippininnen sollen auch gut sein, habe ich gehört.«

Wir sitzen bei einem Abendessen nebeneinander, gerade wird das Dessert serviert. Die Gastgeber und die anderen Gäste haben halb interessiert zugehört, mehr höflich als aufmerksam. Wie praktisch, ist das einhellige Urteil, der macht es richtig. Wolfgang sonnt sich in seinem frisch befestigten Ruf, ein Troubleshooter der Extraklasse zu sein. Ob die polnische Dame denn eine Qualifikation habe, will ich wissen. Ein paar medizinische Kenntnisse vielleicht? Wolfgang schüttelt unwillig den Kopf. »Wozu? Wenn meine Eltern sich nicht wohlfühlen, dann gibt es dafür einen Arzt. Der kommt sogar ins Haus. Hauptsache, jemand ist da, macht die Betten, putzt die Wohnung, kocht und passt ein bisschen auf. Das reicht völlig.« Ob sie Deutsch spreche? »Es reicht fürs Nötigste«, wiegelt Wolfgang ab. »Soll ich etwa eine Gesellschaftsdame engagieren, die mit meinen Eltern Schach spielt und mit ihnen über die neueste Opernpremiere parliert?«

Ich bin ein Spielverderber und höre auf zu fragen. Zum Beispiel danach, wie sich Eltern fühlen, die versorgt werden wie Haustiere, aber nicht betreut. Oder danach, was eine Frau empfindet, die ihre eigene Familie verlässt, um woanders das Faktotum zu spielen, dort, wo man Geld ausgibt für ein gemietetes Familienmitglied, Taschengeld inklusive. Doch Wolfgang ist meine Reserviertheit nicht entgangen. »Wir haben selbst genug mit uns zu tun«, verteidigt er sich. »Meine Zwillingssöhne sind jetzt aufs Gymnasium gekommen, wir bauen gerade das Haus um, da steht jede Menge Arbeit an. Und meine Frau geht völlig in ihrem Job auf, ihr würde ich nie zumuten, auf meinen Eltern sitzen zu bleiben. Das Leben muss weitergehen, stimmt's? Nichts gegen Oldies, aber sie sind halt keine Goldies.«

Alle schmunzeln beifällig. Nun ist der Damm gebrochen. Anekdoten machen die Runde, über die Zerstreutheit und Vergesslichkeit alter Leute. Eine Revue der Demenz, die Akteure halb zerstreute Clowns, halb erstarrte Wachsfiguren. Das ist nicht p.c., aber gerade deshalb ist es doch so witzig. Wir sollten wissen, aufgeklärt wie wir sind: Humor ist, wenn man trotzdem lacht, Humor ist anarchischer Tabubruch und dient der Entlastung, Freud lässt grüßen. Und dann erzählt die Gastgeberin – herzlich lachend –, es gebe einen Trend, der aus den USA komme und sich auch bei uns immer mehr durchsetze: »Habt ihr schon vom Granny Dumping gehört?« Wir schütteln den Kopf, einige beginnen zu kichern, angesteckt von ihrer Erheiterung. Was soll das sein? »Man deponiert die Oma im Krankenhaus, wenn man über Weihnachten mit den Kindern seine Ruhe haben möchte. Oder mit ihnen in Urlaub fahren will. Haben wir auch schon gemacht, klappt bestens.«
Die meisten lachen mit. Ich nicht. Ich finde diese ganze Konversation auf einmal nur noch grässlich. Es schwingt etwas von einem billigen Triumph über die »lästigen Alten« in diesem Gespräch mit, die man irgendwie austricksen und loswerden muss, weil es schließlich Wichtigeres gibt. Im Zweifelsfall die eigene Bequemlichkeit – besser klingt es natürlich, wenn man die Kinder vorschützt. Ist es vielleicht sogar eine elende, nur notdürftig kaschierte Rache? Toben diese erwachsenen Kinder ihre neue Macht über die ehemals mächtigen Eltern aus? Ist das die ewige Rancune der Jüngeren? Erwartet uns alle das, was Paul Watzlawick die »barocke Hölle menschlicher Beziehungen« nennt?

Showdown

Das vierte Gebot lautet: »Du sollst Vater und Mutter ehren, auf dass es dir wohl ergehe und du lange lebest auf Erden.« Ein längst verwehter Pakt auf Gegenseitigkeit, eine vergessene Notwendigkeit, den Kindern das vorzuleben, was man sich später von ihnen erhofft. Werden meine Gastgeber dereinst genauso ins Krankenhaus verfrachtet werden, wenn ihre Kinder verreisen? »Spare nicht an deinen Kindern, denn sie suchen dir später das Altersheim aus«, habe ich mal auf einer dieser unerträglich witzigen Spruchkarten gelesen.

Später, auf dem Nachhauseweg, nachdem mein erster Ärger sich gelegt hat, versuche ich eine selbstkritische Bestandsaufnahme. Eltern oder Kinder, ist das nicht auch für mich ein Entweder-Oder? Ja, es stimmt, wenn wir vor die Wahl gestellt werden, uns zwischen unseren Eltern und unseren Kindern zu entscheiden, gehen die Kinder vor. Sie sind schutzbedürftig, auf uns angewiesen. Sie haben die Zukunft vor sich, und wir wissen, dass ihr Start ins Leben ein Projekt ist, das unsere ganze Energie, unsere ganze Aufmerksamkeit verlangt. So konkurriert die Unendlichkeit des Zukünftigen mit der Endlichkeit des Alters. Viele reagieren daher mit Trotz, mit Unwillen, wenn die Eltern Hilfe brauchen, während die kleinen Kinder noch in der Familie leben. Alte Eltern sind schließlich nachweislich erwachsen, die können und müssen verstehen, welche Prioritäten gelten. Ist es nicht unverantwortlich, die eigenen kostbaren Ressourcen in die Eltern zu investieren statt in die Kinder?

Die innere Abwehr und die äußere Distanz, die auf diese Überlegungen folgen, sind mir vertraut. Ich selber zögere sogar, meinen Sohn jedes Mal mitzunehmen, wenn ich meine Eltern besuche. Eine innere Stimme sagt mir, dass es falsch ist, doch oft siegt die Überlegung, diese Besuche könnten vielleicht zu anstrengend für ihn sein, die Bahnreise, die verzagte Stimmung am Krankenbett, die sorgenvoll gedämpften Gespräche darüber, wie es weitergehen soll. Mein Impuls, ihn zu schützen, ist meist stärker als die Einsicht, dass er diese Erfahrung machen sollte. Dass er die Großeltern alt und schwach erleben sollte und mich als ihre Tochter, die Anteil nimmt, die liebt und leidet und gibt, was sie kann. Wie mag es da erst Müttern gehen, die ihre Eltern oder Schwiegereltern in der eigenen Wohnung pflegen und täglich neu abwägen müssen, wer wie viel Liebe und Zeit beanspruchen darf?

Marita und Serge suchten eine Weile nach einer solchen Balance, gefunden haben sie sie nicht. Sie waren eine Bilderbuchfamilie gewesen, zwei erfolgreiche Werbetexter, ein wohlgeratenes Wunschkind, zwei Autos, zweimal im Jahr Urlaub und keine Spur jener routinierten Alltagszersetzung, die so viele andere Familien aushöhlt. Alles stimmte. Dann hatten sie Maritas kränkelnde Eltern zu sich genommen, vorübergehend, doch obwohl es sich erklärtermaßen um ein Provisorium handelte, standen bereits wenig später die Zeichen auf Sturm.

Es begann damit, dass sie aus Platzgründen das Kinderzimmer zum Krankenzimmer umfunktionierten. Ihr Sohn Luis schlief fortan auf der Couch im Wohnzimmer, die Schularbeiten machte er am Küchentisch. Und litt. Luis ist zehn, immer hatte er sein eigenes Zimmer gehabt, jetzt fühlte er sich wie ein Gast in der eigenen Wohnung. Ein ungebetener Gast. Früher waren mehrmals in der Woche seine Freunde zum Spielen gekommen, doch das passierte immer seltener. Kinder brauchen Spielräume, Freiräume, wollen auch mal laut sein. Seit die Freunde andauernd ermahnt wurden, Rücksicht zu nehmen, ruhig zu sein und die Spielzeugeisenbahn nicht im Flur aufzubauen, weil die Großeltern darüber stolpern könnten, machte es schlicht keinen Spaß mehr, Luis zu besuchen. Luis rebellierte, die Großeltern trumpften auf. Marita und Serge wurden zu Sekundanten eines Generationenduells, in dem sich jeder im Recht fühlte und es letztlich auch war. Aber die Verhandlungsphase war schnell vorüber, die Ausweitung der Kampfzone hatte begonnen.

An einem Samstagnachmittag kam es zum Showdown. Marita hatte ihrem Sohn versprochen, mit ihm und einem seiner Freunde auf die Kartbahn zu gehen, Serge hatte sich in den Fitnessclub verabschiedet, den er neuerdings auffallend häufig frequentierte. Sie hatten bereits die Jacken angezogen, als Marita unschlüssig wurde: Sollte sie wirklich mit den Kindern gehen oder doch besser zu Hause bleiben? Schließlich hatte ihre Mutter am Morgen beunruhigend heftig gehustet und ihr Vater hatte über Schmerzen in der Herzgegend geklagt. »Kinder, wir bleiben hier«, sagte sie unvermittelt. Und brach beim Blick in die enttäuschten Kindergesichter in Tränen aus.

»Schluss jetzt!«, rief sie. »Es geht nicht mehr! Ich halte das nicht mehr aus! Mein Kind geht vor!« Es kam zu einer Szene, für die sie sich jetzt noch schämt, auch wenn sie sich eingesteht, dass es ein Befreiungsschlag war. Weinend hatte

sie ihre Eltern geweckt, die gerade ihren Mittagsschlaf machten, und ihnen völlig aufgelöst erklärt, dass sie mit ihrer Kraft am Ende sei. Die Eltern schwiegen, schockiert, traurig.
Als Serge zurückkehrte, spätabends, ging alles ganz schnell. Er sprach von einem erlösenden Gewitter, seufzte erleichtert, »der Spuk« habe nun ein Ende. Schon eine Woche später brachte Marita ihre Eltern in einem Altersheim unter, eine Autostunde entfernt. Zu Hause wurden alle Spuren der Anwesenheit ihrer Eltern so schnell wie möglich getilgt, das Krankenzimmer ausgeräumt, die Wände frisch gestrichen, Luis bekam neue Möbel. Was blieb, was sich nicht ausräumen und übertünchen ließ, waren Schuldgefühle.
»Ich habe alles falsch gemacht«, diesen Satz hörte ich noch oft von Marita. »Erst habe ich zu viel gegeben, jetzt ist es zu wenig. Sicher, meine Eltern werden dort im Heim ganz gut versorgt, aber niemand liest ihnen vor, niemand kocht ihnen das, was sie gern mögen, niemand gibt ihnen die Liebe, die sie verdienen. Ich weiß doch, was sie brauchen, ich habe es ja selbst erlebt. Zweimal in der Woche besuche ich sie nun, doch das reicht einfach nicht aus.« Die Eltern, sagt sie, hätten sich in ihr Schicksal gefügt, allerdings nicht ohne die vorwurfsvolle Bemerkung, dass Luis wie ein Kronprinz behandelt werde.
Kronprinzen, Prinzesschen, Muttersöhnchen, kleine Tyrannen? Wenn es doch nur so wäre. Das Bild der verwöhnten Kinder gehört zu den heuchlerischen Mythen der Wohlstandsgesellschaft. In Wahrheit verfügen viele Kinder zwar schon im Vorschulalter über einen aggressiv hochgerüsteten Maschinenpark aus eigenem Fernseher, Computer und diversen Spielkonsolen – Aufmerksamkeit, Zeit und Liebe aber

sind genau abgezirkelte und sparsam dosierte Luxusgüter. Kinder haben immer häufiger einen Tagesablauf, der einem Acht- bis Neun-Stunden-Arbeitstag entspricht. Sie müssen sich dem Zeitmanagement ihrer Eltern fügen, deren Arbeitsrhythmus, Freizeitvorlieben, Freunden. Ein Leben nach Stechuhr. Kindergarten, Schule, Hort, Babysitter bestimmen ihre Wirklichkeit. Und: Sie müssen funktionieren. Jede Grippe gleicht einem organisatorischen Super-GAU, Kindergeburtstage, Hausaufgaben, Sportaktivitäten müssen genauestens geplant und notfalls delegiert werden.

Wenn dann die Großeltern zusätzlich Hilfe brauchen, hält das System nicht mehr stand, es bricht zusammen. Wenige Familien überstehen solch einen Belastungstest ohne Blessuren. Zu eng ist das gewohnte Zeitkorsett, zu fremd die Erfahrung entgrenzter Zuwendung, die nicht nach der Uhrzeit fragt, die kein Termin zwischen einem Meeting und einer Telefonkonferenz ist, kein Date zwischen Tennisstunde und Italienischkurs.

»Ich kam mir vor wie diese chinesischen Zirkusakrobaten mit der Tellernummer«, sagt Marita rückblickend. »Kennst du die? Sie haben lauter Stangen, auf denen Teller rotieren, und sie müssen dauernd hin- und herlaufen, damit die Stangen in Bewegung bleiben, sonst fallen die Teller runter. Ich habe es nur noch scheppern gehört. Luis wurde immer stiller, immer unglücklicher, Serge war nur noch im Büro oder im Fitnessstudio, ich schlief abends vor dem Fernseher ein. Und das trotz Putzhilfe und Nachhilfelehrer. Dennoch, ich vermisse meine Eltern.«

Lastenträger

Wieder stelle ich mir die Frage, ob es denn »normal« wäre, die Eltern aufzunehmen, ein Humanum, das erst die Moderne zerstörte. Oder konstruiere ich mir eine nostalgisch verklärte Großfamilie vergangener Tage, die vielleicht so nie existierte? In der Generation meiner Eltern gab es sie, das weiß ich. Aber sonst? Wie war das, im Mittelalter, in der Frühzeit, in anderen Kulturen? Die Fähigkeit zur Empathie müsste doch in den unterschiedlichsten Gesellschaftssystemen verbindliche Formen ausgebildet haben, wie man verantwortlich mit alten Menschen umgeht. Wenn schon nicht die Liebe zur Liebespflicht ausreicht, so sollte doch zumindest das Mitleid die Konkurrenz der Generationen mildern. Gehört das Mitleid nicht zum Menschen wie der aufrechte Gang?
Immerhin schrieb Jean-Jacques Rousseau im 18. Jahrhundert, »dass die Menschen mit aller ihrer Moral nie etwas anderes gewesen wären als Scheusale, hätte nicht die Natur ihnen zur Unterstützung ihrer Vernunft das Mitleid gegeben«. Und er folgert, dass »allein aus dieser Eigenschaft alle sozialen Tugenden entspringen – was sind Großmut, Milde, Humanität anderes als Mitleid, welches sich der Schwachen, der Schuldigen, ja, der ganzen Menschheit annimmt?« Schopenhauer meint, dass das Mitleid »die Mauer zwischen du und ich aufhebt«. Aber wer garantiert uns das Mitleid als Maxime des Handelns, in jeder Lebenslage?
Eine Szene taucht aus dem Fundus meiner Erinnerungen auf, es mag zwanzig Jahre her sein, dass ich den Film gese-

hen habe, einen japanischen Film, vergessen konnte ich ihn nie. Ein Mann schleppt eine alte Frau auf dem Rücken mit sich. Es ist seine Mutter. Er trägt schwer an ihr, keuchend kämpft er sich durch Gestein und Geröll, über Berge und durch Schluchten eines unwirtlichen Gebirges. Je höher er sich arbeitet, desto beklemmender wird der Aufstieg zu zweit. Knochen, Schädel, ganze menschliche Skelette säumen den Weg. Der Mann ist unterwegs zu dem Berg, wo alte Leute ausgesetzt werden, zu alt, um noch zu arbeiten, zu alt, um der Dorfgemeinschaft von Nutzen zu sein, nichts als bedrohliche Last.

Noch immer sehe ich die Gesichter vor mir: das des Mannes, schweißüberströmt, entstellt von der Anstrengung und von dem Grauen, eine entsetzliche Pflicht erfüllen zu müssen; und das der Mutter, ein schmales Greisinnengesicht, umweht von weißem Haar, zwischen Resignation und Schmerz schwankend. Ich weiß noch genau, wie mich dieser Film erschreckt hat. War das reißerische Fiktion?

Nein. Keine Fiktion. Ich forsche nach und stoße auf eine Arbeit über *Altern und Alter im Japan der Nara- und Heian-Zeit*. Kein Zweifel: Was mich als Filmszene bestürzt hatte, existierte wirklich, war gängige Praxis im Japan des 7. bis 12. Jahrhunderts. »Obasute yama« nannte man das Aussetzen alter, kranker Menschen. Es geschah im Einklang mit den Dorfregeln. Huckepack trug man die Siechenden zum Sterben ins Gebirge, setzte sie dem Hunger, der Kälte, der Entkräftung aus, um das Überleben der Jungen, Gesunden zu sichern.

Alte, gebrechliche Menschen widersprachen dem Eikyo-Ideal, das besagte, ein vollkommener Mensch sterbe früh.

Alter dagegen galt als Schande, man mutmaßte sogar, es könne die Strafe für begangene Verfehlungen sein. In dem Buch *Sumiyoshi monogatari* aus derselben Epoche steht der lakonische Satz, dass »die Kinder ihre Eltern niemals so sehr lieben wie die Eltern ihre Kinder«. Gilt das nicht heute noch, auch für unsere Gesellschaft? Ist das vielleicht der Grund, warum so viele Alte vernachlässigt, vereinsamt, verstört auf den Tod warten, in verwaisten Wohnungen, in trostlosen Heimen? Müssen wir die Asymmetrie der Gefühle als anthropologische Konstante hinnehmen, vielleicht gar – vulgärdarwinistisch – als Naturgesetz?

Heute würden wir das Aussetzen alter Leute entsetzt verurteilen. Wir empfinden uns als aufgeklärt und mitfühlend. Große geschichtliche Bewegungen scheinen uns gezähmt und entbrutalisiert zu haben, die Mitleidsethik des Christentums, die Ideen des Humanismus, nicht zuletzt der Wohlstand heutiger Industriegesellschaften, in denen es zwar Armut gibt, aber nicht jene nackte Not, die den Überlebenskampf in der Familie unumgänglich machte, nach dem simplen Prinzip: Wer anderen zur Last fällt, hat sein Daseinsrecht verwirkt. Wir gefallen uns in der Vorstellung, dass wir jene Mitmenschlichkeit erlernt haben, die weit über den Instinkt der Selbsterhaltung hinausgeht. Ideengeschichtlich klingt das plausibel. In Japan beispielsweise bereitete das konfuzianische Ideal von Ehrerbietung und Respekt dem Alter gegenüber sowie das Mitleidsgebot des Buddhismus der Aussetzungspraxis zu Beginn des 12. Jahrhunderts ein Ende. Mitleid und Solidarität als zivilisatorische Errungenschaften?

Die jüngste Geschichte belehrt uns eines Schlechteren. Studiert man die Quellen, die peinigend detailliert die Euthanasie im Dritten Reich dokumentieren, wird schnell klar, dass die »Decke der Zivilisation«, von der der Soziologe Norbert Elias spricht, tatsächlich dünn ist, hauchdünn. Auch alte Menschen wurden getötet, neben physisch und geistig Kranken. Im Auftrag eines Terrorregimes zwar, doch unter Mithilfe des Täters von nebenan. Krankenschwestern, Pfleger, Gemeindeschwestern machten mit, wurden zu Komplizen einer tödlichen Unterscheidung zwischen Tüchtigen und Untüchtigen. Trotz Humanismus, trotz Christentum und knapp fünf Jahrzehnte, nachdem Bismarck die Alters- und Invaliditätsversicherung eingeführt hatte, institutioneller Ausdruck eines Lernprozesses, durch den Alter und Alterssicherung als gesellschaftliche Aufgabe erkannt wurden. Nein, weder philosophische Debattierclubs noch christliche Appelle haben uns zuverlässig gezähmt. Das Kriminologische Forschungsinstitut Niedersachsen veröffentlichte gerade erschütternde Zahlen: Fast jeder zehnte Pfleger im Ambulanten Dienst gibt zu, ihm sei bei der Altenpflege »schon mal die Hand ausgerutscht«, sechs von zehn waren Zeugen psychischer oder physischer Gewalt durch Angehörige geworden. Das Bundesfamilienministerium ging bereits 2001 von jährlich 600 000 Gewaltopfern aus – alte Menschen, die von der eigenen Familie misshandelt werden.

Und in Japan? Ich will es jetzt genauer wissen, das Bild des Mannes mit seiner Mutter auf dem Rücken hat sich mir so tief eingegraben, dass es mich nicht mehr loslässt. Nach einigem Suchen entdecke ich die Studie einer Japanerin, 1996 erschienen, die den Umgang mit dem Alter in den USA und in Japan vergleicht. Verblüffend genug: In Japan leben heute drei Viertel aller alten Menschen in der Familie, in den USA nur ein Viertel. Dafür haben amerikanische Senioren doppelt so viele Freunde – die Netzwerke sind dort nicht mehr familiär grundiert, sie werden eigenständig geknüpft. Vernetzte Singles. Dazu passt, dass Japaner auf die Frage, welcher Mensch ihnen am vertrautesten sei, mit »mein Kind« antworten, während Amerikaner »ein Freund« sagen.

Japan als Ort einer höheren Familienkultur? Es gibt dort sogar einen Feiertag für alte Menschen. Paradoxerweise rühren die vergleichsweise hohen Zahlen der von der Familie betreuten älteren Japaner nicht etwa von einem Plus an Menschenliebe her, vielmehr spielt die Tradition mit umgekehrten Vorzeichen noch immer eine Rolle. Nicht obwohl, sondern weil Japaner das Alter viel pessimistischer sehen als Amerikaner, arbeiten sie früh darauf hin, dereinst von ihren Kindern gepflegt zu werden. Japaner geben sich nicht der Vision eines nebenwirkungsfreien Alters hin, sie erwarten und befürchten Krankheit, Hinfälligkeit, Gebrechlichkeit.

Im Jargon der sozialgerontologischen Forschung nennt man das den *protective approach* – Hilfe wird schon prophylaktisch thematisiert und vorbereitet, bevor sie nötig ist, während in den USA der *contingency approach* vorherrscht – Unterstützung wird erst dann gesucht, wenn der Ernstfall eintritt. Was dabei besonders interessant ist: Japanische Eltern »investieren« bewusst in die Beziehung zu ihren Kindern, »zahlen ein« auf das imaginäre Konto des Gebens und Nehmens, stellen schon im mittleren Alter symbolische Gerechtigkeit her. Das geschieht auch ganz praktisch, indem sie zu Lebzeiten ihr Hab und Gut vererben, nicht erst nach dem Tod.

Wie viel Pragmatismus, wie viel gänzlich unsentimentale Umsicht spricht aus diesem Verhalten. Und unwillkürlich denke ich: Was können Eltern heute eigentlich von ihren Kindern erwarten, wenn sie sie so früh wie möglich in fremde Hände geben, in Krippen, Ganztagsbetreuungen, Ganztagsschulen? Hat es nicht eine perfide Logik, wenn die Kinder umgekehrt ihre Eltern später ebenfalls in fremde Hände geben? Aber darf man überhaupt so argumentieren?

Revierkämpfe

Immerhin könnte man sich den Generationenvertrag, den wir immer abstrakt denken und dessen Auflösung beklagt wird, auch viel persönlicher vorstellen. Als Strategie der Gegenseitigkeit, bei der nicht nur die Kinder gefordert sind, sondern auch die Eltern, von Anfang an. Dann wären die Generationen nicht im elenden Konkurrenzkampf um Zeit und Zuwendung befangen, sondern würden bewusst und alternativlos Bindungen leben. Und der mehr oder weniger offenen Aggression, wie ich sie bei dem anfangs erwähnten Abendessen erlebte, wäre die Spitze gebrochen.
Eine schöne Vision. Es könnte jedoch sein, dass sich dieses Konzept schnell als Anachronismus erweist. Zum einen streben erwachsene Kinder bei uns bewusst aus dem Elternhaus, nicht jeder mag sich eine Mehrgenerationenfamilie vorstellen. Viel wichtiger aber: Wen beträfe eigentlich der Pakt auf Gegenseitigkeit – welche Kern-, Rest-, Teilfamilie? »Die Familie wird bunter« – so beschreibt die Soziologin Elisabeth Beck-Gernsheim die Veränderung der Familienkultur. Ein leicht ignoranter Euphemismus. Wie steht es denn beim Thema Bindung und Alter mit den vielen Scheidungskin-

dern, die ihre Väter oft nur sporadisch sehen? An wen fühlt sich ein Kind in einer Patchworkfamilie gebunden, wem fühlt es sich gar verpflichtet? Die serielle Monogamie lockert auch die Eltern-Kind-Bindungen, meist sind es die Männer, die dabei versinglen. Kurz flackert ein Satz vor meinem inneren Auge auf, wie eine defekte Neonreklame: »Die Zukunft ist weiblich!« Es könnte sein, dass in Zukunft nur noch die Mütter der Torsofamilie gepflegt werden, und da fast nur Töchter diese Aufgabe übernehmen, ergäbe das ein geschlossenes weibliches System. Pech, wer einen Sohn hat, Pech, wer ein geschiedener Mann ist. Unsinn, ermahne ich mich, so schlicht kann es nicht zugehen. Oder doch?

Ebenso schlicht klang allerdings auch die Quintessenz des altvorderen Feminismus: Männer profitierten von der Ehe, hieß es da, Frauen vom Singledasein. Karrieremännern würde von den Ehefrauen »der Rücken frei gehalten«, Karrierefrauen aber täten gut daran, erst gar keine Familie zu gründen. Die Familie war in der Lesart der Emanzipationsbewegung ein Netz, das die Männer trägt und die Frauen fesselt. Kinder kamen im Feminismus ohnehin kaum vor, allenfalls als lästiges Übel der patriarchalischen »Gebärpflicht«, die schleunigst überwunden werden sollte.

Übersehen wurde dabei, dass sich im Alter die Vorzeichen ändern. Für eine ältere Frau können Kinder und Enkel durchaus wieder zum Netz werden, auch wenn sie anfangs den Selbstverwirklichungsträumen hinderlich gewesen sein mögen. Wer aber in der Logik des Feminismus die Gründung einer Familie unterlassen hat, wird nie eine Chance auf Generationenverträge der persönlichen Art haben. Eine Chance, wohlgemerkt, keine Garantie.

Nein, niemand will den Kampf der Eltern gegen die Kinderlosen. Sie gegeneinander auszuspielen, erzeugt wenig mehr als Ressentiments. Aber die feministische Glorifizierung allein lebender, kinderloser Frauen übersah einen wichtigen Aspekt: die Einsamkeit des Alters, das Verlassensein, wenn man ohne Familie altert, ohne die nächste und übernächste Generation. Wer Kinder hat, kann zumindest damit rechnen, dass sie – wie auf der launigen Spruchkarte formuliert – das Altersheim aussuchen. Kann darauf bauen, dass überhaupt noch jemand da ist, wenn die Freunde sich zurückziehen oder genug mit ihren eigenen Altersproblemen zu tun haben.

Eine Bekannte, Mitte fünfzig, beruflich erfolgreich, kinderlos, Single, brachte es auf den Punkt: »Erst ziehen sich die Freunde zurück, die Kinder haben. Dann die Lover. Momentan bin ich abends hauptsächlich mit Freundinnen in meinem Alter unterwegs, die wie ich allein leben. Manchmal frage ich mich, wer als Nächstes wegbricht. Wer wird mir bleiben?« Jetzt, gesteht sie, fehlen ihr die Kinder. Als Zwanzigjährige, Dreißigjährige, Vierzigjährige hätte sie allerdings nicht damit gerechnet, dass sie so etwas einmal sagen würde. »Komisch, ich vermisse meine ungeborenen Enkelkinder manchmal mehr als die Kinder, die ich nie hatte«, sagte sie mir einmal. »Ich würde gar nichts von ihnen verlangen, aber ich wüsste, es gibt jemanden, den es zumindest interessiert, wie es mir geht. Und weißt du, was das Schlimmste ist? Viele meiner verheirateten Freundinnen weisen mich ab mit dem Hinweis: Meine Kinder gehen vor, und auch meine Enkelkinder gehen vor. Ich muss zusehen, wie sie in ihre Familie investieren, ich dagegen bin es offenbar nicht wert.«

Diese Bekannte lebt, von außen betrachtet, ein gesellschaftlich akzeptiertes Leben. Sie fällt niemandem zur Last, wie sie betont, wohnt in ihrer abbezahlten Eigentumswohnung, hat redlich für ihre Rente gearbeitet. Doch sie spürt sie schon, die Tabuzone des Alters, den Makel der Unberührbaren und Unberührten. Jüngere Kollegen rücken nach, ihr Chef hat ihr neulich eine reduzierte Stundenzahl vorgeschlagen. Sie lehnte empört ab. Dennoch entgeht ihr nicht, wie andere sie überholen, sie hinter ihrem Rücken als »Dino« bezeichnen. Der vermeintlich harmlose Spott tut ihr weh. Sie ist sich keiner Schuld bewusst, und doch bleibt ein Vorwurf, der ungerechte, mitleidslose Vorwurf, dass sie alt wird. Manchmal ist er mit Häme vermischt. Keine Selbstwahrnehmung im familiären Generationensystem mildert solche Erfahrungen.
Der Abend mit den munteren Anekdoten über alte Eltern war kein Ausrutscher. Begegnet uns die versteckte bis offene Altersfeindlichkeit nicht allerorten? Neulich höhnte mir eine Zeitungsschlagzeile entgegen: »Impotent, inkontinent, inkompetent.« Das reichte. Ich hatte keine Lust, den Artikel zu lesen. Eine Atmosphäre der Gnadenlosigkeit hat sich breit gemacht, die ich nicht mehr ertrage, seit mein Vater krank ist. Kaum eine Stand-up-Comedy ohne die Karikatur des Alters, Witze über Alzheimer sind längst akzeptiert.
Eine zufällige Auswahl, jüngst gehört: »Was ist das Gute an Alzheimer? Man lernt jeden Tag neue Menschen kennen.« – »Willi wundert sich, dass Karl seine Frau auch nach zwanzig Ehejahren immer noch mit ›Schatzi‹ und ›Mausi‹ anspricht. ›Find ich toll‹, sagt Willi. ›Ach was‹, sagt Karl, ›ich hab schon vor Jahren ihren Namen vergessen.‹« – »Sitzt ein Mann auf einer Parkbank und weint bitterlich. Kommt ein Jogger vor-

bei: ›Warum weinen Sie?‹ ›Ich bin Multimillionär, habe eine Riesenvilla, das schnellste Auto der Welt und ein Playmate als Ehefrau.‹ Wundert sich der Jogger: ›Aber das ist doch super!‹ ›Aber ich weiß nicht mehr, wie ich heiße und wo ich wohne.‹«

Hinten anstellen

Wenig hat sich verändert, seit ein Chronist des 17. Jahrhunderts vermerkte, Alte würden als »kindliche Jammergestalten und verachtete Randfiguren« behandelt. Schon viel früher, beim römischen Dichter Juvenal, finde ich eine Attacke der Aversion gegen das Älterwerden: »Doch welche Kette von schrecklichen Übeln befället die Greise, füllet das Alter, zuerst das Gesicht, entstellt und widrig. Glatt ist der Schädel und feucht wie bei Säuglingen laufen die Nasen.« Eine Hasstirade, ich ertrage sie genauso wenig wie die Alzheimerwitze. Hohn und Spott, diese beiden Wörter begegneten mir häufig, wenn ich herausfinden wollte, wie das Alter in früheren Zeiten gesehen wurde. Greise waren immer wieder die Zielscheibe von Herabsetzungen und Demütigungen. Und Kinder gingen ohnehin vor, weil sie als Arbeitskräfte gebraucht wurden. Das System der mittelalterlichen Großfamilie beispielsweise beruhte darauf, dass jeder mit Hand anlegte, so etwas wie den Ruhestand gab es nicht. Wer nicht mehr arbeitsfähig war, noch dazu krank oder verwirrt, war auf sich gestellt, musste betteln gehen oder war auf die Mildtätigkeit von kirchlichen Einrichtungen angewiesen. Kinder waren die Zukunft, Alte hatten sie hinter sich.

Mitleid? Nächstenliebe? Sie wurden im Mittelalter nicht praktiziert, sondern delegiert. Es war die Zeit, als der Begriff »Schwester« aufkam, so wie wir ihn heute noch kennen, wenn wir von der »Krankenschwester« sprechen. Wer ins Kloster ging, brach alle Verbindungen mit seiner biologischen Familie ab und lebte fortan mit den »Brüdern« und »Schwestern« der Klostergemeinschaft. Bei der Mildtätigkeit wurde diese sakrale Familie erweitert um die Schwächsten der Gesellschaft. Auch heute noch ist die Krankenschwester eine Ersatzschwester, geht mir auf, sie vertritt die Familie, die sich nicht mehr zuständig fühlt.

Im 7. Jahrhundert gab es in Europa die ersten Spitäler mit »Schwestern«, meist waren sie Klöstern angeschlossen. Benedikt von Nursia forderte für jedes Kloster ein Spital, das sich in zwei Teile gliederte: ein Hospiz für zahlungskräftige Adelige und Bürger sowie das Hospitale Pauperum für die Armen und Bedürftigen, für Kranke, Waisen und Findelkinder. Wer wohlhabend genug war, sich durch Pfründe ins Hospiz oder in ein Stift einzukaufen, hatte Glück.

Das Hospitale Pauperum war kaum mehr als eine Sammelstation der Verlorenen, wenn auch mit für damalige Verhältnisse besten Absichten. Historische Darstellungen schildern Elendsquartiere, in denen ein Bett dicht neben dem anderen stand, Hygiene war unbekannt, frische Luft galt als schädlich. Wer hier landete, war zwar dem erbärmlichen Tod unter freiem Himmel entkommen, musste aber dennoch unter erniedrigenden Bedingungen zu Grunde gehen. Meist lagen die Hospitäler vor den Toren der Stadt, wie die Leprahäuser. Die Bewohner wurden unsichtbar für die Tüchtigen, die Tätigen, starben den sozialen Tod vor dem körperlichen. Die

im Dunkeln sieht man nicht – daran hat sich bis heute wenig geändert.
Eine späte Folge dieser sozialen Ausgrenzung ist heute die Scham der Alten und Gebrechlichen. Viele wagen es kaum, Ansprüche zu stellen, weil sie meinen, eigentlich nicht mehr zur Gesellschaft dazuzugehören, sie fügen sich, und sei es in ein ungewolltes Schicksal. Schopenhauer beschreibt eine Szene, die sich bei jenem Historie gewordenen Ausbruch des Vesuvs ereignet haben soll, der zum Untergang Pompejis führte. Der Philosoph hatte diese Szene durch ein Aquarell des Malers Johann Heinrich Wilhelm Tischbein vor Augen und schildert sie folgendermaßen: »Vor der dem Meer schnell zuströmenden Lava fliehend, trägt der Sohn den alten Vater auf dem Rücken; aber als nur noch ein schmaler Landstrich beide zerstörenden Elemente trennt, heißt der Vater den Sohn ihn niederlegen, um sich selbst durch Laufen zu retten; weil sonst beide verloren sind. Der Sohn gehorcht und wirft im Scheiden noch einen Abschiedsblick auf den Vater.«
Haben Vater und Sohn, Anchises und Aeneas, richtig gehandelt? Hätte der Sohn die Selbstopferung des Vaters ablehnen müssen? Mich berührt diese Szene tief. Sie zeigt einen verzagenden Vater, der zurücktritt, um den Sohn zu retten. Ein Gran davon steckt noch in dem resignierenden Ausspruch heute: »Ich will doch meinen Kindern nicht zur Last fallen, die haben selbst genug mit ihrem Leben und ihren Kindern zu tun.«
Die Last, die Bürde, immer werden wir sprachlich an Bilder rückgekoppelt, wie sie in dem japanischen Film oder in Tischbeins Aquarell festgehalten sind. Spricht man nicht auch

davon, dass die Versorgung der Älteren »auf dem Rücken der Jüngeren« ausgetragen werden muss, vielleicht sogar auf dem der Allerjüngsten, der Enkelkinder? Wie mächtig sind solche Bilder? Müssen alte Eltern verzichten, die Kinder aus der Pflicht entlassen, ist das ihre Liebespflicht?

Immer häufiger fällt mir ein Muster auf, wenn ich von Freunden oder Bekannten höre, dass ihre Eltern Hilfe brauchen. Sie sehen nicht zuerst die Not der Eltern, sondern beklagen vielmehr ihre eigenen Nöte. Sie tremolieren vor Ergriffenheit, dass ihnen etwas so Schreckliches widerfährt. »Betroffenheitsmarketing«, würde meine Freundin Barbara sagen, die sich als Therapeutin bestens mit den Umleitungen und Ableitungen unseres Gemüts auskennt. Diese erwachsenen Kinder sprechen vom »Schicksalsschlag« oder sogar vom »Super-GAU«, doch sie meinen nicht ihre Eltern, sondern sich selbst. Ganz vernarrt sind sie in ihre eigene Verwundbarkeit. Und werfen sich wie Löwen vor ihre Kinder, wenn das Unheil zu nahe zu kommen droht.

Taub

Eine Weile neigte ich dazu, das hoffnungslos egozentrisch zu finden. Doch wie so oft, gefiel es dem Zufall, mich zu korrigieren. »Ja, die Kinder müssen vorgehen«, sagte mir ein Mann, den ich auf einer Bahnfahrt kennen lernte. Er war schätzungsweise Anfang fünfzig, trug eine Lederjacke und eine randlose Brille. Nicht der Typ, der verbales Entertainment abfordert, hatte ich gedacht, bevor ich mich zu ihm ins Abteil setzte, in der Erwartung, dass ich unbehelligt würde lesen können. Doch es kam anders. Wir waren ins Gespräch geraten, weil er aufgeregt telefoniert hatte und, als er das Handy schon längst wieder eingesteckt hatte, sich einfach nicht beruhigen konnte. »So ein Wahnsinn«, murmelte er immer wieder kopfschüttelnd vor sich hin. »So etwas Verrücktes.« Wir waren allein im Abteil. Ich hatte in einer Zeitschrift gelesen, aber als er weiter fortfuhr mit seinen halblauten Ausbrüchen, mochte ich nicht länger übersehen, dass er sich Luft machen musste, und sei es bei einer Zufallsbekanntschaft.

»Ärger?«, fragte ich vage. Er sah mich aufgebracht an. »Ärger?«, wiederholte er, »Ärger ist gar kein Ausdruck. Das da gerade war meine Schwester. Ich kann es immer noch nicht fassen: Sie ist so damit beschäftigt, sich um unseren Vater zu kümmern, dass sie darüber den eigenen Sohn vergessen hat!« Nach und nach erzählte er in höchster Erregung, was er gerade erfahren hatte. Sein Vater war zwei Monate zuvor ins Heim gekommen, schwer zuckerkrank, fast erblindet. Seither hatte die Tochter keinen Tag ausgelassen, ihn zu besuchen. Sie half beim Füttern, sprach mit den Ärzten, sorgte dafür, dass er ein ruhigeres Zimmer bekam. »Nie war es genug«, sagte mein Gegenüber missbilligend, »meine Schwester hatte ein derart schlechtes Gewissen, weil sie ihren Vater nicht selbst aufgenommen hatte, dass sie alles übertrieb. Stunden verbrachte sie in dem Heim, kam erst spätabends nach Hause.«

Der Schaffner riss die Abteiltür auf. Als er unsere Fahrscheine umständlich begutachtet und abgestempelt hatte, zog der Mann seine Lederjacke aus und warf sie auf den Nebensitz. »Mein Neffe Benjamin ist siebzehn«, erzählte er weiter, »ein ganz normaler Teenager, etwas rabaukig, aber ein guter Junge. Deshalb hatten meine Schwester und mein Schwager ihm auch erlaubt, mit zwei Freunden nach Spanien zu fahren, sie wollten dort zelten. Kurz vor der Abreise klagte er über Ohrenschmerzen. Meine Schwester kochte ihm einen Tee, sagte ihm, er solle ins Bett gehen, das sei sicherlich nur eine Erkältung. Dann fuhr sie zu unserem Vater. Der Junge bekam Fieber, meine Schwester merkte es nicht, so sehr war sie mit dem Herrn Papa beschäftigt. Und Benjamin sagte es ihr auch nicht, sondern schluckte in den folgenden zwei Tagen ein Aspirin nach dem anderen, weil er doch auf keinen Fall seine Ferien verpassen wollte.«

»Verständlich«, warf ich ein. »Das würde wohl jeder in seinem Alter so machen – und ein Erwachsener vermutlich auch, wenn er sich auf den Urlaub freut.« – »Mag ja sein«, lenkte der Mann ein, »doch wenn meine Schwester ihr Kind auch nur einmal richtig angesehen hätte, dann wäre ihr schon aufgefallen, dass etwas nicht stimmte. Na ja, der Junge fuhr los. In Spanien angekommen, brach er gleich am ersten Abend zusammen. Diagnose: Mumps. Er kam ins Krankenhaus, da lag er zehn Tage. Dann schickten seine Eltern ihm ein Ticket, und er flog zurück. Der Hausarzt untersuchte ihn sofort – der Junge konnte auf dem linken Ohr nichts hören. Heute waren sie bei einem Spezialisten: Er wird für immer auf dem linken Ohr taub bleiben! Stellen Sie sich das mal vor! Nur weil meine Schwester ...« Er sprach nicht weiter, sah mit verzerrtem Gesicht aus dem Fenster. Hinter seinen Brillengläsern sah ich Tränen der Wut.

Unschlüssig griff ich wieder zu meiner Zeitschrift. Besser, ich lasse ihn jetzt allein mit seinem Zorn, dachte ich. Fremde

Gefühle. Doch es arbeitete weiter in ihm. »Wissen Sie«, fuhr er übergangslos fort, »so ein Besuch bei meinem Vater ist auch für mich kein Spaziergang. Er ist ein starker Mann, und das Heim ist für ihn eine furchtbare Kränkung. Beim Abschied fleht er mich immer an: Nimm mich mit nach Hause, bitte, lass mich nicht hier, nimm mich doch mit! Wenn ich dann wegfahre, bin ich in höchster seelischer Not. Manchmal bin ich ein, zwei Tage quasi arbeitsunfähig, völlig neben der Spur. Meine Kinder besuchen ihn längst nicht mehr, es ist zu viel für sie, ihn so zu erleben, als Häuflein Mensch, das mich anbettelt, ihn mitzunehmen. Merkt er denn gar nicht, was er uns antut?«

Wieder sah er aus dem Fenster, und ich folgte seinem Blick, als interessierte ich mich plötzlich brennend für die eintönige Landschaft des norddeutschen Flachlands. Er räusperte sich. »Aber am schlimmsten ist die Geschichte mit Benjamin. Das durfte nicht geschehen, egal, wie viel Respekt alte Leute verdienen.« Er nahm die Brille ab und rieb sich die Augen. »Der Preis war zu hoch«, sagt er schließlich mit belegter Stimme.

Ich denke an Charlotte, an Susanne, an Marita. Ist der Preis zu hoch? Dürfen wir unseren Kindern Zeit und Aufmerksamkeit vorenthalten, weil unsere Eltern uns brauchen? Aber warum dieses rigorose Entweder-Oder? Warum denken wir in Extremen? Es muss doch möglich sein, alle zu retten – uns, unsere Eltern, unsere Kinder –, statt hilflos und rettungslos im Meer der Gefühle zu versinken. Das wäre allerdings mehr als eine Frage der Organisation, das spüre ich. Es hätte mit Augenmaß und Aufrichtigkeit zu tun, uns und den Eltern gegenüber. Doch wie findet man sie, die emotionale Aufrichtigkeit?

4

Wer seid ihr eigentlich?

Eltern, die unbekannten Wesen

Wer seid ihr? Wer seid ihr wirklich? Ich schaue meinen Vater an, die vertrauten Züge, das Lächeln, die Art, wie er die Decke glatt streicht. Ich spüre die Nähe, und doch ist er Lichtjahre entfernt. Wirklich? Bin ich nicht ein Teil von ihm? Hat er mich nicht geprägt, von Anfang an, mit jedem Wort, mit jeder Geste? Was verbindet uns? Liebe, ja, Liebe. Doch diese Liebe hat einiges aushalten müssen, Auseinandersetzungen, Meinungsverschiedenheiten, Abgrenzungen. Ich sehe seine Schwäche und bin überwältigt von der Demut und Freundlichkeit, mit der er sein Leiden erträgt.

Vor ein paar Minuten habe ich mit der Ärztin gesprochen. Sie erklärte mir sachlich den Krankheitsverlauf, den langsamen Verlust der Orientierung, die im Fünf-Minuten-Takt wiederholte Frage nach dem Datum, den Wechsel von Apathie zu Hyperaktivität, den umfassenden Kontrollverlust am Ende. »Und« – sie lächelte – »der Primärcharakter kommt immer stärker heraus.« Der Primärcharakter? »Das, was übrig bleibt, wenn die erlernten Umgangsformen nicht mehr da sind, wenn sich der Mensch so verhält, wie er wirklich ist.«

Ihr Lächeln wurde wärmer. »Ihr Vater hat offensichtlich einen äußerst liebenswürdigen Charakter. Andere Patienten beginnen zu schimpfen, werden unleidlich, ungeduldig, Ihr Vater aber ist ausgesprochen höflich, bedankt sich bei den Schwestern, wenn sie etwas bringen, wird nie laut.«
Aha, nun habe ich also sogar ein professionelles Gutachten über den Charakter meines Vaters. Diagnose: Gutartigkeit. Er ist ein rundum positiver Mensch, eine gütige Seele, liebenswert, unbeschadet aller körperlichen und geistigen Deformationen, die er durchmacht. Ich kämpfe einmal mehr um meine Beherrschung. Das also ist der »Primärcharakter« meines Vaters. Habe ich das gewusst? Doch, ja. Auch wenn er viele andere Facetten hat. Hatte?
Wieder sehe ich meinen Vater an. Durch die blassen, erschöpften Züge hindurch blenden sich andere Bilder, Bilder meiner Kindheit, in der es einen starken Vater gab, wortmächtig, impulsiv, voller Energie. Ich sehe ihn im schwarzen Talar, predigend auf der Kanzel, seine Stimme erfüllt den Kirchenraum. Ich sehe ihn, wie er mit langsamen Schritten einem Trauerzug voranschreitet, als Kopf eines schier unendlich langen schwarzen Lindwurms, der sich in Zeitlupe durch die schmalen Dorfstraßen Richtung Friedhof schlängelt, bei Beerdigungen war damals das halbe Dorf auf den Beinen. Ich sehe ihn im grauen Sommeranzug am Steuer des VW Käfer, mit dem wir in den Urlaub fuhren, die drei Kinder auf der Rückbank, die Mutter vorn, neben dem Vater. Er war ein, tja, temperamentvoller Fahrer, wir bogen uns auf dem Rücksitz nach rechts und nach links, wenn er die Kurven so schnittig nahm, wie ein Käfer es nur irgend zuließ, im letzten Moment zurückschaltend, mit aufheulendem Motor.

Es gab weder ein Autoradio noch einen iPod, wir sangen Hunderte Kilometer lang »Im Frühtau zu Berge« und »Der Mond ist aufgegangen«, dreistimmig. Wenn wir schließlich müde wurden, rezitierte mein Vater den »Osterspaziergang« aus *Faust I*. Und selbst wenn er an heikle Dinge rührte, bevorzugte er die literarische Form. Ich erinnere mich an einen Zettel, den ich als Teenager auf meinem Schreibtisch fand, als ich morgens um drei von einer Party kam und auf Zehenspitzen in mein Zimmer schlich. Er hatte darauf geschrieben: »Wer mit dem Leben spielt, kommt nie zurecht. Wer sich nicht selbst befiehlt, bleibt immer Knecht.«

Déjà-vu

Eltern als Instanz. Damals war das mal beruhigend, mal lästig. Heute erhebe ich denselben Anspruch, wenn es um meinen Sohn geht. Ja, ich gebe es zu und kann nicht anders: Auch ich möchte eine Instanz sein, so lange wie möglich. Möchte beschützen, Werte vermitteln, Richtungen steuern. Und meine Haltungen und Überzeugungen unterscheiden sich nicht sehr von denen meiner Eltern. Auch ich singe mit meinem Sohn »Der Mond ist aufgegangen«. Zweistimmig, immerhin. Bin ich meinem Vater vielleicht doch ähnlicher, als ich gedacht habe?

Niemanden kennen wir so lange wie unsere Eltern, doch manchmal scheint es, als sei uns auch niemand so fremd. Eltern sind Vexierbilder, wir erkennen sie fast blind, doch dann sind sie plötzlich bis zur Unkenntlichkeit entstellt. Das also sind meine Eltern? Wir Kinder haben uns irgendwann von ihnen abgegrenzt, tun es oft ein Leben lang, haben uns von Autoritätsansprüchen befreit, von gut gemeinten Ratschlägen. Ja doch, wir wissen, dass die Familie die unverwechselbare Matrix ist, die uns geformt hat, doch im Namen des Individualismus haben wir alles darangesetzt, eine eigene Variante zu finden. Bis heute. Wir wohnen anders, essen anders, sehen andere Filme, hören andere Musik.

Viel wichtiger aber: Wir betrachten es als persönlichen Erfolg, uns von den Eltern gelöst zu haben. Spätestens mit der Pubertät beginnt der lange Weg der Opposition, und selbst durch die Oberflächenharmonie obligater Familientreffen hindurch erklingt der Kontrapunkt der Abwehr. Ein falsches Wort, eine provozierende Behauptung, und wir sind wieder im Film: ewig sechzehn, ewig aufsässig. Ihr seid anders. Ich will nicht so werden wie ihr. Und mischt euch bitte nicht in die Erziehung meiner Kinder ein. Eine starke Motivation, das Projekt Abgrenzung zum Kontinuum werden zu lassen.

Meine Mutter sitzt mit mir am Krankenbett meines Vaters, wir sprechen über unverfängliche Dinge, und doch lese ich ganz andere Gedanken auf ihrer Stirn. Ihre Ratlosigkeit, ihre Angst, ihr Aufbegehren. Auch sie will nicht alt sein. Sie ist achtzig, doch sie mag es nicht, wenn man sie so behandelt, wie man gemeinhin Achtzigjährige behandelt. Sie reagiert unwirsch auf die verbalen Entmündigungen, die ihr täglich begegnen, im Bus, auf Ämtern, beim Arzt. Die gönnerhafte Attitüde, die viele im Umgang mit alten Menschen haben, ist ihr zuwider, Tonfälle zwischen Mitleid und Respektlosigkeit.

Ich kann sie verstehen. Ich erkenne in ihr meinen Eigensinn, meinen Übermut und diese fast unverwüstliche Art, auf

Schicksalsschläge zu reagieren. Auf einmal fühle ich eine tiefe Verbundenheit. Und Müdigkeit, wenn ich an die ermattenden Kämpfe von einst denke, bei denen es um lachhaft wenig ging, wenn ich ehrlich bin. Habe ich zu viel Zeit damit vergeudet, nach den Unterschieden zu suchen statt nach den Gemeinsamkeiten?

Kindsein reloaded

Wenig später lehne ich mich im Zug zurück, auf dem Weg nach Hause. Mein Buch liegt ungelesen auf dem Schoß. Regentropfen perlen waagerecht über die Scheiben, entgegen der Fahrtrichtung, als suchten sie den Weg zurück, während der Zug vorwärts rast. Ich weiß, dass die räumliche Trennung es mir leicht macht, meine Rolle als Tochter gelassener zu sehen, ohne den Furor der Distanzsuche. Wie wäre es, wenn ich mit meinen Eltern zusammenleben würde, jetzt, in einer gemeinsamen Wohnung, täglich dem Reizklima widersprüchlichster Gefühle ausgesetzt, ohne jenen Sicherheitsabstand, der mir als Bedingung meiner Unabhängigkeit erschien?

»Es ist so schwer, den Weg zurück zu finden«, bekannte Amelie neulich. Wir lernten uns kennen, als unsere Kinder im selben Kindergarten waren. Sie ist allein erziehende Mutter, hat eine Tochter und einen Sohn, ihr Freund wohnt in einer anderen Stadt und kommt nur an den Wochenenden. Amelie musste von einem Tag auf den anderen damit fertig werden, dass ihre Mutter nach einer Operation zum Pflegefall wurde. Die Diagnose war vernichtend: Magenkrebs, im Endstadium. »Austherapiert, wie es bei den Ärzten heißt«, seufzte Amelie. »Was so viel bedeutet wie: Bitte warten. Auf den Tod. Nun ging es nur noch um den Warteraum: Holzklasse, Economy oder die Familienlounge?«

Ohne lange zu überlegen, nahm sie ihre Mutter auf. Und war bereits nach wenigen Tagen völlig aufgelöst. Nicht nur, weil sie neben ihren Kindern nun auch noch ihre Mutter versorgen musste, sondern weil das gesamte Beziehungssystem der Familie kippte. Sie wurde gleichsam von ihrer Kindheit eingeholt, von quälenden Verhaltensmustern, aus denen sie sich herausgearbeitet hatte. Das dachte sie zumindest.

»Ich habe so lange gebraucht, mich von meiner Mutter zu befreien«, erzählte sie spätabends am Telefon. »Von ihren Vorstellungen, wie man leben sollte. Sie war immer wie das Hohe Gericht persönlich, sie stellte Ansprüche, ich hielt dagegen. Heiratete einen Mann, der ihr nicht gefiel, trennte mich von ihm, was ihr noch weniger gefiel. Absolvierte meine Ausbildung zur Bewegungstherapeutin, obwohl sie das unpassend fand. Ich habe alles getan, um ihr zu zeigen, dass ich sie nicht brauche. Nun braucht sie mich. Und plötzlich ist alles wieder da, die Diskussionen, dieser ganze Schlamassel, den ich doch überwunden hatte.«

Auch Amelie wurde relativ spät Mutter, mit Ende dreißig. Milly, wie sie sich von ihrem Freund nennen lässt, weil sie bis heute ihren Eltern den Namen Amelie übel nimmt – »kreuzspießig!« –, hat lange gebraucht, bis sie endlich so weit war, sich von der Erfüllungspflicht ihrer Kindheit zu emanzipieren. Sie ist die einzige Tochter. Alle Erwartungen, alle Wünsche und Sehnsüchte ihrer Eltern hatten auf ihr gelastet. Eine biografische Hypothek, die sie beharrlich und zäh

abtrug, Schritt für Schritt. Was die Eltern in ihr sahen, war sie nicht, wollte sie nicht sein. Auf die schönen Täuschungen, die jene sich vorgaukelten, reagierte sie mit gezielter Enttäuschung. Und widersetzte sich der Mechanik der Wunschmaschine.
Als ihr Vater starb, wurde es schwieriger. Alle Hoffnungen der Mutter richteten sich jetzt wieder auf sie. Amelie ging nicht darauf ein. Sie schenkte der Mutter Reisen in den Süden, um ihre Selbständigkeit zu fördern, weigerte sich, als nette Tochter bei den Kaffeekränzchen zu erscheinen. Je mehr ihre Mutter sie forderte, desto mehr entzog sie sich. »Ich schaffe es auch allein, also versuche bitte, dein eigenes Leben zu führen!«, hatte sie bei einer Auseinandersetzung in den Telefonhörer geschrien und aufgelegt.
Jetzt pflegt sie ihre Mutter. Und weiß nicht weiter. Ein Buchtitel fällt mir ein: *Wenn Eltern Kinder werden und doch Eltern bleiben*. Die etwas kryptische Zeile spielt auf eine Identitätsverschiebung an, die sich hart am Rande der Schizophrenie bewegt – Amelie ist Mutter und Kind zugleich, eine verwirrende Doppelrolle. »Was nützt mir das Erwachsensein, wenn ich für meine Mutter immer ein Kind bleibe?«, fragte sie aufgebracht. »Für sie bin ich ein Beratungsfall. Ein Projekt, an dem gearbeitet werden muss. Und das auch noch vor Publikum, vor meinen eigenen Kindern!«
Ja, am schlimmsten ist es für Amelie, dass ihre Kinder sie als überforderte Tochter erleben. Als eine Tochter, die diskutiert und streitet, die Liebe geben will und sich stattdessen im täglichen Kleinkrieg verzettelt. Sie möchte eine starke Mutter sein, doch ihre Kinder sehen sie nun schwach, der Großmutter ausgeliefert, die wie die Königinmutter höchstpersönlich

das Familienleben dirigiert. Amelie fürchtet immer mehr, dass die Kinder leiden könnten, dass sie nicht die Aufmerksamkeit und Geduld bekommen, die ihnen zusteht. Und dass sie in alte Konflikte hineingezogen werden, die nicht die ihren sind.

Reizklima

Es ist früher Nachmittag, Amelie und ich sind verabredet, die Kinder sind noch im Schulhort. Amelie hat nach dem Job in der Ergotherapiepraxis schnell zu Hause vorbeigeschaut und ihrer Mutter einen Stapel Zeitschriften hingelegt, sich diese eine Stunde mit mir regelrecht abgetrotzt. Abgehetzt erscheint sie in dem Coffeeshop, wo wir uns früher öfter trafen. Sie wirft ihren Mantel über den Stuhl, bleich vor Ärger: »Es ist wie früher, als ich ein Teenager war: Wo gehst du hin? Mit wem triffst du dich? Wann kommst du wieder? Vergiss nicht, Waschpulver zu kaufen!« Dann registriert sie die Fragezeichen in meinem Blick. »Du glaubst gar nicht, wie streitlustig die alte Dame ist«, verteidigt sie sich. »Dankbarkeit? Keine Spur! Alles weiß sie besser, nichts findet Gnade vor ihren Augen. Das Bett ist zu weich, die Brötchen sind zu hart, meine Frisur ist zu unordentlich und meine Couch zu niedrig. Horror!«
Fahrig rührt sie in ihrem Latte Macchiato. »Manchmal denke ich, ich bin selber reif fürs Heim. Alles dreht sich nur noch um meine Mutter. Sogar im Job ruft sie mich an, als ob sie mich kontrollieren müsste. Mein Freund hat schon genug davon, er nennt meine Mutter nur noch den ›Heimat- und

Verschönerungsverein‹, seit sie ihm empfohlen hat, gefälligst mal seine Jeans zu bügeln. Wenn er am Wochenende kommt, geht er neuerdings ins Hotel. Ich schleiche mich dann abends zu ihm wie eine Kurtisane. Lachhaft. Mal ehrlich: Würdest du diesen Zirkus mitmachen?« Ich verziehe mein Gesicht zu einem vagen »Weiß nicht«.
So viel Wut, so viel Verbitterung machen mich stumm. Und genau genommen darf ich gar nicht mitreden, ich halte mich schließlich in wohltemperierten Gefilden auf, weit weg vom Geschehen, nicht in der heißen Zone wie sie. Aber mir fällt wieder ein, dass Amelies Liebe und die Sorge um ihre Mutter schon immer unerklärlich schnell in Kälte umschlagen konnten. Ich erinnere mich daran, wie aufgebracht sie früher war, dass ihre Mutter so »unvernünftig« lebe. Als hätte sie meine Gedanken erraten, legt Amelie nach. »Letztlich ist sie selbst schuld an ihrem Zustand«, sagt sie empört. »Zu viel fettes Essen, zu wenig Bewegung, bitte schön, jetzt hat sie die Quittung: Der Magen ist zerfressen. Und wer muss es ausbaden? Ich. Sie war mir immer schon fremd mit ihrem komischen Lebensstil, jetzt wird sie mir von Tag zu Tag noch fremder.«
Amelie ist nicht die Einzige, die von einem Extrem ins andere fällt, wenn es um die Mutter geht. Wenn ich mit anderen über ihre Eltern spreche, mischt sich häufig alte Liebe mit neuer Abneigung. Nicht genug, dass erwachsene Kinder allenfalls mit fahrlässiger Verspätung Ideen für die alten Eltern entwickeln – oft bleibt der Vorwurf an sie stehen: Und warum habt ihr selbst nie darüber nachgedacht? Warum habt ihr so gelebt, als ginge alles ewig so weiter? Warum seid ihr nicht früher zum Arzt gegangen? Warum habt ihr euch nicht um

einen Heimplatz gekümmert? Warum? Fehlt nur noch der Kommentar: »Selbst schuld!«
Das passt leider bestens in die gereizte Stimmung enervierter Meinungsmacher, die sich lauthals über die Älteren beschweren. Sie lägen uns auf der Tasche, sie verjubelten ihre Rente, die von immer weniger Arbeitenden erschuftet werde, sie seien Drohnen, die nach dem Motto »Nach uns die Sintflut« fröhlich dahinlebten, bis sie schließlich auch noch tatkräftige Hilfe anforderten.
Ich versuche zu beschwichtigen, zu trösten. Doch Amelie durchschaut meine Durchhalteparolen sofort. »Dein Sohn hat deine volle Aufmerksamkeit, er muss dich mit niemandem teilen, stimmt's?« Stimmt. Ob ich vielleicht mal mit ihrer Mutter reden solle? »Die braucht keine Teerundengespräche«, wehrt sie ab, »die bräuchte einen Therapeuten.« Vermutlich hat Amelie sogar Recht. Wir entwirren selten oder nie unsere Beziehungen zu unseren Eltern. Wir setzen auf die friedliche Koexistenz absichtsvoller Ferne. Geraten wir aber wieder in die Nähe unserer Eltern, emotional oder auch ganz buchstäblich, ist alles wieder da. Und die Eltern werden fremder als je zuvor. Wir gestehen ihnen einfach nicht zu, dass in ihren fragilen Körpern immer noch wilde, starke Seelen überdauert haben könnten, renitent geradezu. Wir nennen das Altersstarrsinn, obwohl wir für uns selbst jederzeit jede Art von Starrsinn reklamieren und das für unser Freiheitsrecht halten. Von den Eltern erwarten wir altersgebeugte Dankbarkeit, egofreien Gleichmut.
»Was sagen eigentlich deine Kinder?«, möchte ich wissen. Amelie überlegt auffällig lange. »Komisch, die finden es gut, dass immer jemand da ist«, antwortet sie schließlich. »Das

kannten sie ja sonst nicht. Außerdem gibt sich meine Mutter mit ihnen viel mehr Mühe als mit mir, spielt mit ihnen ›Mensch ärgere dich nicht‹. Ausgerechnet. Mich macht es manchmal fast wütend, wie nett sie mit ihnen umgeht, wie viel Zeit sie sich für ihre Enkelkinder nimmt, mit mir hat sie nie gespielt, damals, ständig putzte sie an irgendwas herum. Aber die Kinder spüren natürlich, dass andauernd Unfrieden in der Luft liegt.«

Der letzte Satz mag der Wahrheit entsprechen, doch eines ist nicht zu überhören: Die neue Allianz zwischen Großmutter und Enkeln gefällt Amelie überhaupt nicht. Skeptisch beobachtet sie das Bündnis, das eine Generation überspringt und sie ausschließt. Sie steht ganz allein gegen eine Spaßfraktion. Sie trägt die Bürde des Alltags, hat die Aufgabe, Regeln zu setzen und Kontrolle auszuüben, während ihre Mutter mit den Kindern das Hier und Jetzt lebt. Warum sollte eine Großmutter auch erziehen? Sie darf spielen, sie darf verwöhnen, sie darf sich sogar über Verbote hinwegsetzen und die Kinder vor dem Essen heimlich mit Bonbons füttern. Auch das ist Amelie fremd, sie wurde streng erzogen. Dieselbe Mutter, die sie einst für heimliches Naschen mit Hausarrest bestrafte, ist nun zur vergnügten Komplizin der Kinder geworden, während sie die Tochter unverändert fordernd behandelt.

Amelie trinkt einen Schluck Kaffee. »Okay, ich gebe zu, dass es nicht nur schlecht für die Kinder ist. Doch ich bin die Verliererin dabei. Was soll ich machen? Mutters Beleidigungen überhören? So tun, als sei nichts?«

Als wir uns verabschieden, bin ich ratlos. Und werde noch ratloser, als ich später am Tag mit Charlotte telefoniere. Sie

erlebt jetzt eine Fremdheit, die eine ganz andere ist: Ihr Vater leidet, mittlerweile auch vom Arzt diagnostiziert, nach dem Herzinfarkt unter einer Persönlichkeitsstörung. »Er hat sich so verändert, ich weiß gar nicht mehr, was ich machen soll«, sagt sie mutlos. »Früher war er die Freundlichkeit in Person, jetzt sieht er mich manchmal feindselig an und fragt: ›Was hast du mit meinem Geld gemacht? Wo ist meine Geldbörse?‹ Seiner Nichte hat er erzählt, dass wir ihn wie ein Tier gefangen halten und dass wir ihn bestehlen. Ich weiß wirklich nicht mehr weiter.«
Ob man das nicht behandeln könne?, frage ich. »Wir haben es ja versucht«, sagt Charlotte verzweifelt. »Wir gingen mit ihm in eine gerontopsychiatrische Klinik, wo er ein paar Tage zur Beobachtung blieb. Sie gaben ihm Psychopharmaka zur Beruhigung – doch er wurde nur noch unruhiger. Er hat sogar eine Pflegerin geschlagen, weil er sie für eine Diebin hielt. Sein Gehirn ist so gestört, dass man nicht mal solche Medikamente einsetzen kann. Als wir ihn wieder abholten, sagte der Arzt: ›Geben Sie ihm Valium, das ist das Einzige, was jetzt noch hilft.‹ Er schrieb uns ein Rezept aus. Es wurde tatsächlich besser, er wirkt jetzt ruhiger, doch jedes Mal, wenn ich ihm die Tabletten gebe, fühle ich mich wie ein Dealer.«

Freakshow

»Fremder denn je« – das habe ich mehrfach gehört. Und der Sohn, die Tochter denken: Wer ist dieser Mensch, der da schimpft und rebelliert, der so gar nichts mehr von dem spüren lässt, was er mal war? Wie soll man Liebe empfinden, geschweige denn eine Liebespflicht erfüllen, wenn ein ganz anderer daliegt, als sei eine fremde Seele in ihn geschlüpft?

Das Repertoire der Störungen klingt beängstigend: Die einen werden zu stammelnden Kleinkindern, verlieren ihre Sprache, wimmern nur noch, andere versinken in Kriegstraumata, viele Jahrzehnte erfolgreich überspielt, fantasieren von feindlichen Soldaten, die ins Zimmer eindringen. Einst lebenspraktische Mütter verlieren sich in Ticks und Paranoia, suchen nach Ratten unter dem Bett und nach eingeschmuggelten Pillen im Frühstücksbrötchen.

Charlotte erinnert sich daran, dass ihr Vater auch früher schon an Schlaflosigkeit litt, dass er, wenn sie als Teenager spät nachts von einer Party kam und in ihr Zimmer tapste, mit einer Flasche Cognac im halbdunklen Wohnzimmer saß und teilnahmslos vor sich hin starrte. Er war lange in Kriegsgefangenschaft gewesen, es musste ein Grauen gewesen sein, doch reden konnte er darüber nicht, nur die Schrecken wegtrinken. Jetzt sind die Schrecken wieder da, sie entladen sich als Paranoia, als Schrei, als hundertfach vervielfältigte Todesangst. Söhne oder Töchter mögen solche späten Verwerfungen noch mit dem Verstand verarbeiten, sie der Krankheit zuschreiben, aber wie reagieren die Enkel darauf?

»Jasper geht gar nicht mehr in Opas Zimmer«, berichtet Charlotte. »Er fürchtet sich vor ihm. Kein Wunder, er ist fünf, wie soll er da unterscheiden, was die Krankheit ist und was sein Großvater, so wie er ihn kannte? Jana ist acht, sie versucht zu verstehen, dass auch die Seele krank werden kann.

Dennoch: Ich kann kaum ansehen, wie die Kinder mitleiden. ›Wie lange bleibt Opa denn noch?‹, fragen sie oft. ›Wann fährt er wieder nach Hause?‹« Wenn es zu schlimm wird, wenn er so laut um Hilfe ruft, bis die Nachbarn an der Tür klingeln, erhöht Amelie die Valiumdosis.
Deutlich höre ich heraus, dass ihr Vorsatz, den Vater zu pflegen, brüchiger wird. »Er hat gute Momente, ja, aber dann wieder erlebe ich eine Freakshow. Im Grunde warte ich nur noch darauf, dass etwas wirklich Schlimmes passiert«, gibt sie zu. »Aber darf ich so lange warten? Darf ich es auf eine Katastrophe ankommen lassen? Dass er das Zimmer zerlegt? Oder tätlich wird? Die Kinder angreift? Ich habe mich nach ambulanten Pflegediensten erkundigt, aber die waschen nur und betten um, gegen solche Störungen können sie auch nichts tun. Ganz ehrlich: Mein Vater ist mir fremd, und meine Gefühle für ihn – schwierig.« Die Situation, das wird völlig klar, ist unkalkulierbar geworden.
»Alle Tugend aus Vorsatz taugt nichts, nur Gefühl, oder Gewohnheit ist das Ding«, stellte der alte Spötter Lichtenberg fest. Man kann den Satz auch anders lesen, nicht als spöttischen Blick auf jene, die wir heute Gutmenschen nennen würden, sondern vielmehr auf solche, die das Gute wollen, dann jedoch davor erschrecken, wohin das Gute sie bringt: Erst die Haltbarkeit der Gefühle und der Test der Gewohnheit können erweisen, ob die guten Vorsätze alltagstauglich sind.
Ohne Zweifel ist Charlotte an den Rand der zulässigen Belastung geraten. Wenn ich ihr zuhöre, erscheint mir manches nahezu als Luxusproblem, was mir als Konflikt gegenwärtig war, die Entfremdung von Generationen, die einfach nur un-

terschiedliche Lebenskonzepte haben. Petitessen angesichts eines delirierenden Vaters, der kaum noch zu bändigen ist. Ganz gleich aber, ob Entfremdungen oder Wesensveränderungen uns von unseren Eltern emotional entfernen: Liebespflichten zu verrichten an Menschen, die uns fremd sind, das scheint unmöglich zu sein. Ja, wir mögen immer noch etwas für unsere Eltern empfinden, selbst wenn die Vertrautheit weicht. Aber wenn wir keine Liebe mehr empfangen, nur das Andersartige, das Bedrohliche spüren, haben wir lediglich die Vergangenheit, die uns verbindet. Gemeinsame Erinnerungen, Dankbarkeit, kann das ausreichen?
Es reicht sicherlich nicht aus, um unseren Kindern zu erklären, warum wir uns so intensiv einem Menschen widmen, der doch offenbar gar nicht zu uns passt und mit dem wir möglicherweise nicht einmal befreundet wären, wenn es nicht der Vater oder die Mutter wäre. Oder ist die Liebe vielschichtiger, rätselhafter, hat sie die Kraft, solche Widrigkeiten zu überstehen? Mutig wäre es vermutlich, den Kindern in dieser Situation das Lehrstück unbeirrbarer, duldsamer, nachsichtiger Liebe vorzuleben. Einer Liebe, die nichts erwartet, nichts erhofft, alles in Kauf nimmt. Kein narzisstischer Spiegeltrick. Ich kenne Menschen, die das auf sich nehmen. Doch ich gestehe auch: Ich hätte diesen Mut wahrscheinlich nicht.

Kinder, die besten Freunde

Manchmal überlege ich, wie wohl die nächste Generation den Zusammenprall mit hilfsbedürftigen Eltern erleben wird. Ich war noch beeinflusst durch die Achtundsechziger, durch das Postulat des Gegenentwurfs. Heute, so hört man, sind erwachsene Kinder auf mentaler Augenhöhe mit ihren Eltern. Sie tragen die gleiche Kleidung, sehen die gleichen Soaps, gehen in die gleichen Pizzerias. Jeder Vierte zwischen achtzehn und dreißig, habe ich vor kurzem gelesen, wohnt noch bei den Eltern. Das Heiratsalter steigt stetig, Männer sind durchschnittlich siebenunddreißig, wenn sie eine Ehe eingehen, Frauen drei Jahre jünger. Bedeutet das eine größere Nähe zu den Eltern? Mehr Übereinstimmung? Mehr Harmonie?
Ein Bekannter fällt mir ein, er ist Anfang sechzig, hat einen zwanzigjährigen Sohn und eine vierundachtzigjährige Mutter. Seine Freundin ist Mitte dreißig. Chapeau, sagen seine Freunde. Neulich ließ er sich schwer auf mein Sofa fallen. »Du glaubst gar nicht, wie schwierig das ist, wenn Kinder die besten Freunde sind«, ächzte er. »Ich war das ganze Wochenende bei meinem Sohn, wir haben nur über seine Beziehungsprobleme gesprochen, von morgens bis abends. Mit allen Details. So genau wollte ich es gar nicht wissen, das ist mir viel zu intim. Er ist schließlich mein Sohn, nicht irgendein Freund. Und dann, am Montag, bin ich zu meiner Mutter gefahren. Habe mir ihre Sorgen angehört. Nachmittags saß ich im Auto und habe mir an den Kopf gefasst. Das war

einfach zu viel. Jeder ruft nach mir, keiner kommt alleine klar. Nur meine Freundin, die ist selbständig, hat einen super Job, die braucht mich nicht. Doch die Familie frisst mich mit Haut und Haar. Das hält kein Mensch aus.«

Ich zögerte kurz, dann fragte ich ihn, ob sein Sohn ihn möglicherweise später pflegen würde? Oder ob seine Freundin das tun würde? »Wann, später?«, fragte er irritiert. »Und was heißt überhaupt ›pflegen‹?« Er war sichtlich unangenehm berührt, dann fing er sich. »Kommt überhaupt nicht in Frage. Auf keinen Fall. Ich genieße jetzt noch ein paar schöne Jahre, dann ...« Er schwieg. Nein, nachgedacht hat er offensichtlich noch nicht darüber. So wie niemand darüber nachdenkt. Er ist in seinem Job gefragt, er reist viel, gefühltes Alter: Anfang vierzig.

Schon bedauerte ich, dass ich überhaupt nachgefragt hatte. Kumpelhafte Nähe zu den Kindern ist offenbar auch keine Garantie für zukünftige Nähe. Beste Freunde dürfen nicht zu viele Unterschiede entstehen lassen, der eine stark, der andere schwach. Wenn einer sich fallen lässt, wenn einer Hilfe braucht, nicht nur vorübergehend, stimmt die Sache nicht mehr, oder?

Wieder schweifen meine Gedanken ab, zu meinen Eltern. Nie hätte ich ihnen etwas über Beziehungsprobleme erzählt. Ich fand und finde das richtig. Uns verbindet anderes. Mit einem Mal wird mir bewusst, dass sie, von meinen Geschwistern abgesehen, das letzte Bindeglied zu meiner Biografie sind. Sie kennen mich seit meinem ersten Atemzug. Sie haben all die Geschichten über mich gespeichert und aufbewahrt, sie können mir erzählen, wie es damals war, können Erinnerungslücken auffüllen, wissen noch so Vieles, was

meinem Gedächtnis längst abhanden kam. Meine Beziehung zu ihnen ist asynchron, eine Melange aus viel Vergangenem und wenigem Gegenwärtigen.
Fremd sind sie mir nicht. Nicht aus der Entfernung. Wenn ich mit ihnen leben würde, dann wäre das etwas völlig anderes. Ein Echtzeitkonzept. Ich müsste sie vermutlich neu kennen lernen. Bei Rilke fand ich die Zeilen: »Wie hab ich das gefühlt, was Abschied heißt. / Wie weiß ich's noch: ein dunkles unverwundnes / Grausames Etwas, das ein Schönverbundnes / Noch einmal zeigt und hinhält und zerreißt.«

5

Clowns und Helden

Wie sich die Geschwisterkonstellation verändert

Auf einmal telefonieren wir wieder regelmäßig, meine ältere Schwester und ich. Aus den Augen verloren hatten wir uns nie, doch der Kontakt war, wenn auch herzlich, so doch sporadisch gewesen, ein-, zweimal im Jahr gegenseitige Besuche, ein paar Anrufe. Die fünf Jahre Altersunterschied hatten uns getrennt, nicht entfremdet, unsere Lebenswege sind unterschiedlich verlaufen, wir leben zweihundert Kilometer voneinander entfernt. Doch jetzt spielt das alles keine Rolle. Es gibt ein Thema, das uns gemeinsam beschäftigt, wir reden, überlegen, tauschen uns aus.

Mit großer Lebenstüchtigkeit begabt, hat sie einige Dinge resolut in die Hand genommen, was meine Eltern betrifft, Organisatorisches vor allem. Patientenverfügungen, Vollmachten, Steuererklärungen. Keine leichte Aufgabe. Dieser Rollentausch gefiel meinen Eltern anfangs überhaupt nicht. Was als Hilfe gedacht war, wurde zunächst als Einmischung zurückgewiesen. Der Titel eines frühen Stücks von Peter Handke fällt mir ein: *Das Mündel will Vormund sein.* Welch eine Anmaßung. Auch wenn es angenehmer sein muss, dass die eigenen Kinder die vertraulichen Unterlagen durchsehen, Ratschläge geben, Unterstützung anbieten, als wenn Fremde es tun.

Ich fühle eine große Dankbarkeit, dass es meine Schwester gibt. Dass es einen Menschen gibt, der meine Eltern genauso gut kennt wie ich, der sie genauso liebt, der sich sorgt und sich kümmert. Ich bin nicht allein. Kein Familienalarm, nein, die Neuentdeckung der Familie. Wir sprechen auch über meinen Bruder, eine andere Geschichte. Oft telefonieren wir eine Stunde und mehr, schwanken zwischen Erinnerungen und Plänen für die nächste Zukunft, spiegeln uns in der gemeinsamen Kindheit, die wir völlig unterschiedlich wahrgenommen haben, wie ich feststelle. Ich neige zur Verklärung, wohl wahr, sie, die Ältere, hat vieles anders erlebt, ohne die vergoldeten Schnörkel, mit denen ich meine Zeitreisen in die Vergangenheit rahme, sie hat viel mehr Gespür für Brüche und Risse, wo ich das idyllische Abendrot älterer Kinderbücher halluziniere. Auch die frühen häuslichen Pflichten mag sie nicht schönreden. Für sie, die Älteste, waren das vielfach ungeliebte Aufgaben, mit ungleich höherer Verantwortung, mit ungleich empfindlicherem Verzicht erkauft.

Märchenland

Geschwister. Auch so ein merkwürdiges Thema, das erst jetzt auftaucht, mit der gemeinsamen Sorge um die Eltern, nachdem es jahrzehntelang wie ausgeblendet war. Wenn es nicht so sarkastisch klänge, müsste man feststellen: Wie gut, dass

Eltern irgendwann zum Notfall werden, wann sonst würde man den Geschwistern noch einmal wirklich nahe kommen, wie sich ihnen stellen, sie anders wahrnehmen als in freundlichem Nebeneinander?
Meine Freundin Sophie hat gerade eine Familienaufstellung gemacht. Sie ist seit Jahren in Therapie, seelisch erkrankt, unter anderem an ihrer Familie. Zwei starke, übermächtige Brüder, eine schwache Mutter, ein früh verstorbener Vater. Und ein despotischer Ehemann, den sie heiratete, weil er ihr als Retter aus dem Zwangsverband Familie erschien. Jahrelang hat Sophie ihre Brüder nicht gesehen, Erbstreitigkeiten hatten sie entzweit, die Familie war ein Kriegsschauplatz geworden, mit offenen Kämpfen, versteckten Fallen, wechselnden Allianzen, mit Lug und Betrug. Am Ende fühlten sich alle als Verlierer.
Nun wollte sie wenigstens die Beziehung zu ihrer Mutter »klären«, wie es so hoffnungsvoll im Therapeutenidiom heißt. Ihre Mutter ist über siebzig und kränkelt, und Sophie hat Angst vor der konfliktgeschwängerten Nähe, die entstehen wird, wenn sie sich demnächst vielleicht um ihre Mutter kümmern muss, neben ihren beiden Söhnen. Also »klären«, bevor es zu spät ist. Das feinmaschige Netz auflösen, bevor es ihr die Luft abschnürt.
Bei der Familienaufstellung wurde sie aufgefordert, allen Familienmitgliedern eine Märchenfigur zuzuordnen, auch sich selbst. Der Therapeut nannte das ein »narratives Konzept«. Sie wählte für sich das Aschenputtel, ihre Brüder waren böse Zauberer, ihre Mutter das schlafende Schneewittchen. Ihre beiden Söhne? Verwunschene Prinzen, unerlöst. Und für ihren Mann wählte sie das Bild des strahlenden Prinzen, der sich nach der Heirat als feindlich kalter Froschkönig entpuppte.

Ob das geholfen habe, möchte ich wissen. »Ja, doch. Ein paar Klischees konnte ich auflösen, ich weiß jetzt, dass ich meine Brüder dämonisiert und meine Mutter nicht für voll genommen habe. Auch für meine Kinder konnte ich nicht genug da sein, weil ich sie wie durch einen Schleier gesehen habe, durch den Schleier meiner Duldsamkeit. Das muss ich ändern, ich muss raus aus der Opferrolle. Und darf nicht auf den Prinzen warten, der mich aus all dem befreit – jetzt kann ich zum Beispiel meinen neuen Freund besser akzeptieren, obwohl er ganz sicher kein allmächtiger Prinz in schimmernder Rüstung ist. Ich habe sogar meine Brüder besucht, nach all der Zeit. Aber es ist schwer, sehr schwer zu vergessen, was sie mir angetan haben.«

Am wichtigsten war ihr, dass sie ihre Söhne dem Zugriff der Großmutter entziehen konnte. In der Therapie hat sie gelernt, dass die Großmutter ihre Enkel als Ersatz für die abtrünnigen Brüder hatte heranziehen wollen, als Stellvertreter, mit denen sie neu beginnen wollte. »Ehrlich gesagt fand ich diese Märchengeschichte anfangs mehr als zweifelhaft«, gesteht Sophie, »doch es ist schon verblüffend, wie sich die Beziehungen entwirren.«

Geschwister. Mit allen Gemeinsamkeiten, mit allem Trennenden. Und doch unauflöslich da. Sicher, es gibt immer mehr Einzelkinder, aber einer Studie des Bundesfamilienministeriums von 2003 zufolge ist nur jedes fünfte Kind in Deutschland ein Solist. Alle anderen haben die Erfahrung der Geschwisterposition, lebenslang, und damit die Erfahrung einer Asymmetrie. Älter oder jünger zu sein als Bruder oder Schwester, prägt entscheidend. Wer nicht wie Sophie eine Notwendigkeit sieht, die Geschwister therapiegestützt neu zu entdecken, wird vermutlich für immer in der einmal festgelegten Konstellation verharren. In Rang- oder Aufmerksamkeitskämpfen, in Dominanz oder Unterordnung, in Harmonie oder Rivalität. Oder er denkt einfach nicht darüber nach, schließlich gibt es doch Wahlverwandte, mit denen man neu beginnen kann, Freunde, die nicht den Ballast alter Geschichten mitschleppen. Es sei denn, die Kinder finden und positionieren sich neu, weil die Eltern Hilfe brauchen.

Wundertüte Familie

»Alles ist jetzt anders«, sagt Markus. Ich hatte nicht einmal von der Existenz seiner Geschwister gewusst, obwohl wir uns schon länger kennen. Erwähnt hatte er sie nie. Jetzt erfahre ich, dass er eine jüngere Schwester und einen älteren Bruder hat, sie leben beide in Süddeutschland, weit weg. »Wir haben uns letzte Woche getroffen, wir drei«, erzählt Markus. »War schon komisch, sonst sehen wir uns immer nur bei Familienfeiern, bei meinen Eltern. Es war ein bisschen wie eine Klassenfahrt ohne Lehrer. Wenn wir mit den Eltern zusammen sind, gilt immer die alte Hierarchie: Mein großer Bruder Hajo macht den Platzhirsch, führt das große Wort, meine kleine Schwester Britt und ich verbünden uns gegen ihn. So war es immer schon, auch früher. Er wollte den Vize-Papa spielen, uns bevormunden. Ein richtiges Alphamännchen. Und wir haben uns gerächt, haben zum Beispiel seine Fußballschuhe versteckt, kurz bevor er ein Punktspiel hatte.«
Markus grinst übermütig. »Na ja, Kinderkram eben. Doch letzte Woche hatten wir Wichtigeres zu tun: Es ging um un-

sere Eltern. Noch schaffen sie es so gerade, aber die Wohnung vermüllt langsam, sie stehen manchmal gar nicht mehr auf, essen nicht richtig, trinken zu wenig. Es muss was passieren. Ich hatte ehrlich gesagt erwartet, dass mein toller Bruder mit einem Plan anreist. Doch nichts davon. Er war völlig kopflos, wollte das alles nicht wahrhaben, fand auch unser Treffen eigentlich überflüssig. Weißt du was? Es war ausgerechnet Britt, die Kleine, die sich Gedanken gemacht hatte. Sie hatte sich schon informiert, welche Seniorenwohnheime es in der Nähe meiner Eltern gibt, was sie kosten und wie sie ausgestattet sind. Wir waren total perplex.«

Der große Bruder hatte sich plötzlich als Versager gefühlt, anders als sonst. Und nun verliefen auch die Gespräche anders als früher. »Bei den Familientreffen hat er immer nur Erfolgsmeldungen abgeliefert«, erzählt Markus, »wie ein Kriegsberichterstatter, der nur Siege verkündet. An diesem Tag gab er zum ersten Mal zu, dass er Probleme im Job hat und dass er sich Sorgen um seine Tochter macht, bei der er einen Joint gefunden hat. Britt und ich konnten kaum fassen, dass er plötzlich so offen mit uns sprach.«

Wundertüte Familie. Ich habe seitdem solche Geschichten noch öfter gehört. Offenbar ist der Notfall Eltern ein Lackmustest, der neue Seiten an den vertrauten Geschwistern und ihren eingeübten Rollen zum Vorschein bringt. Mauerblümchen laufen zu ungeahnter Stärke auf, Machtbewusste zeigen Schwäche, Unauffällige glänzen durch Tatkraft. Die ganze Familie zeigt sich neu, auch die Kindeskinder, die sonst nur als lustige Statisten bei den Familienfeiern wahrgenommen werden. Die Tochter meiner Schwester beispielsweise, Anfang zwanzig, überraschte mich durch die zupackende

Art, mit der sie schon vor zwei Jahren meine Eltern mit dem Ansinnen überrumpelte, sie wolle mal mit ihnen »ausmisten«. Wie bitte? Warum denn? Keine Diskussion. Für zwei Tage reiste Nina mit ihrem Freund an, entrümpelte den Keller, sortierte Bücher, räumte die Speisekammer auf. Meine Eltern ließen es mit gemischten Gefühlen geschehen, doch sie sahen ein, dass es mit den besten Absichten geschah. Und nahmen die Hilfsaktion an.

Geliebte Feindschaften

Nicht immer allerdings sind es schöne Überraschungen, wenn Geschwister sich nach langer Zeit aufeinander zu bewegen. Manchmal bricht auch auf, was fast zugeheilt war, alte Verletzungen, kaum noch sichtbare Narben. »Meine Schwester und ich, wir sind völlig zerstritten«, winkt Annette, eine Kollegin, ab, als ich mich nach ihrem Vater erkundige, der mit Herzrhythmusstörungen ins Krankenhaus eingeliefert worden war. »Seit wir darüber gesprochen haben, was mit Vater geschehen soll, ist Land unter. Ich bin für betreutes Wohnen, mit zwei Zimmern, Küche, Bad, meine Schwester findet das restlos übertrieben. Sie meint, dass ein normales Altersheim völlig reicht. Mein Vater kann nicht mehr darüber entscheiden, er ist zu schwach. Seit Wochen liegt er nun im Krankenhaus, da wollen sie ihn aber nicht länger behalten. ›Genau genommen ist er nicht wirklich krank, sondern einfach nur alt‹, hat der Arzt gesagt. ›Sie müssen eine Lösung finden!‹ Aber wer darf so etwas letztlich bestimmen?«

Einigen müssen sich die Schwestern, die Zeit drängt. Aber statt abzuwägen, sich Heime anzusehen, mit Pflegern und Ärzten zu sprechen, machen sie alte Rechnungen auf. Annette seufzt. »›Du warst immer Papas Liebling‹, wirft mir meine Schwester vor, ›und noch jetzt bist du maßlos in deiner lachhaft sentimentalen Tochterliebe. Was versprichst du dir eigentlich von so einer Luxusunterbringung?‹ Ich kontere dann: ›Und du hast dich immer aus allem rausgehalten. Wer hat denn immer die Weihnachtsgeschenke für unsere Eltern besorgt? Den Baum geschmückt? Du bist nur eingeflogen und hast dich an den gedeckten Tisch gesetzt!‹«

Annette ist in Aufruhr, bald wird die Kasse den Krankenhausaufenthalt nicht mehr übernehmen, wenn nichts geschieht, müssen die Schwestern zahlen. »Aber ich kann mit ihr nicht reden«, beschwert sich Annette. »Sofort fliegen die Fetzen. So war es immer. Schon als Kinder haben wir uns an den Haaren gezogen, uns um Spielzeug gebalgt, wir waren wie Hund und Katze. Und sind es bis heute. Nicht mal unsere Kinder verstehen sich, die sitzen schon mit uns in den Schützengräben.« Die unwürdigen Diskussionen sind ihr peinlich, sie findet sich selbst kindisch und unreif, aber die alten Streitigkeiten sind stärker. »Es wird so enden, wie es immer endet«, sagt sie resignierend. »Ich werde aktiv werden, das Heim aussuchen, die alte Wohnung auflösen, den Umzug organisieren. Und sie wird mich dafür hassen. Beleidigtsein ist ihre Stärke. Es ist ungerecht, es ist einfach furchtbar, aber genauso wird es ablaufen.«

Karl Kraus sprach mit sarkastischem Doppelsinn von »Familienbande«, je nach Belieben im Singular oder im Plural zu verwenden. Es wäre so wunderbar, wenn die Vision der Notgemeinschaft uns Kinder näher zusammenrücken ließe, wenn alte Gräben überbrückt würden angesichts einer dringlichen, gemeinsamen Aufgabe, einer gemeinsamen Kindespflicht. Doch wie Annette geht es vielen erwachsenen Kindern: Sie reiben sich die Augen und müssen sich eingestehen, dass sie noch tief verstrickt sind in alte Stereotypen der Geschwisterbeziehung. »Wir haben uns eben zum Streiten gern«, sagt Annette.

»Was unterscheidet Geschwister von wilden Indianerstämmen?«, fragte Kurt Tucholsky. »Wilde Indianer sind entweder auf dem Kriegspfad oder rauchen Friedenspfeife – Geschwister können gleichzeitig beides.« Das ist erträglich, solange wir Kinder sind, solange der Familienfrieden durch ein väterliches oder mütterliches Machtwort regelmäßig wieder hergestellt wird. Wenn jedoch die Eltern keine Schiedsrichter mehr sind, keine Schlichter, die auf Versöhnung drängen, und sei es auch eine erpresste, schärfen sich die Klingen. Auch und gerade, wenn es um die alten Eltern geht, um irreversible Entscheidungen. Wer behält das letzte Wort? Wer hat das Vertrauen der Eltern? Wer errät ihre Wünsche, ihre Bedürfnisse, ihre Ängste am besten? Wer gerät ins Abseits?

Geschwisterhoroskop

Die Position in der Geschwisterreihe spielt dabei eine viel größere Rolle, als manch einer annimmt, für den die Ursprungsfamilie ein nostalgisches Stück Vergangenheit ist, ein

weit zurückliegendes Kapitel der Biografie. Setzt man sich jedoch mit den Geschwistern zum Familienrat zusammen, jenseits des unverbindlichen »Und was machst du so?« der vergangenen Jahre, ist man unversehens wieder Kind. In Tateinheit von Rivalität und Vertrautheit kommen häufig vergessene typische Eigenschaften zum Vorschein, Eigenschaften, die im »echten Leben«, jenseits der Familie, längst nicht so auffällig sind.
Warum? Sozialpsychologen, die sich mit Geschwisterkonstellationen beschäftigen, fanden heraus, dass wir vor allem in Stresssituationen generell anders auf Geschwister reagieren als auf Freunde. Während wir mit Freunden den Ausgleich suchen, den Kompromiss aushandeln, versuchen wir Konflikte mit dem Bruder oder der Schwester ungleich öfter durch dominantes Verhalten zu entscheiden – oder ziehen uns unvermittelt ganz zurück. Entweder – oder, ganz oder gar nicht. Möglich, dass wir noch unbewusst auf die schlichtenden Eltern warten, statt selbst das Ungleichgewicht auszubalancieren.
Geschwisterforscher behaupten: Was wir im Einzelnen tun, bestimmt weitgehend unser erlernter Part als ältestes, mittleres oder jüngstes Kind. Der Held, der Sündenbock, der Träumer, der Clown, der Friedensstifter, der Übererwachsene, das sind Rollenfächer, die das familiäre Dramolett für uns bereithalten soll. Hm. Während ich das lese, suche ich unwillkürlich nach meiner Rolle, nach der Symptomatik meiner Eigenschaften. So, wie wir Horoskope zwar prinzipiell ablehnen mögen, es aber doch ganz unterhaltsam finden nachzusehen, ob nicht ein Fünkchen Wahrheit in den Charakteristika unseres Sternzeichens steckt. Und tatsäch-

lich: Die Typisierungen mögen aufreizend schematisch daherkommen, wer sich jedoch darauf einlässt, wird zumindest spielerisch etwas über sich und seine Geschwister erfahren können.

Verblüffend treffsicher fand ich, was über ältere Töchter geschrieben wird. Dass nämlich Mütter »einen Teil ihrer helfenden Funktion auf sie übertragen«, so Christine Schmid vom Institut für Pädagogik der Universität Potsdam. »Die Tochter lernt, diese Funktion kompetent zu erfüllen.« Und, mehr noch: »Die dadurch entstehenden Verhaltensweisen werden derart verinnerlicht, dass sie sich in den Kooperationssituationen auch unabhängig von der Anwesenheit der Mutter zeigen.«

Meine große Schwester, die Älteste von uns dreien, passt bestens in dies Schema der »tüchtigen Großen«. Ich selbst mag als Kind meinen Eltern oberflächlich betrachtet näher gewesen sein, als »Nesthäkchen«, das im Vergleich zu den größeren Geschwistern anschmiegsamer war, größere Freiheiten genoss, öfter gelobt wurde, zuweilen sogar Narrenfreiheit besaß. Meine Schwester mag schwieriger gewesen sein, undiplomatischer, öfter aufbegehrt haben, was nicht zuletzt dazu führte, dass sie früher als mein Bruder und ich das Haus verließ. Doch jetzt handelt sie. In »helfender Funktion«. Und meine Eltern hören auf sie, die Große, der doch lange Renitenz nachgesagt wurde.

Ich registriere es ohne Eifersucht, eher erleichtert. Wenn ich ehrlich bin, so ist meine Rolle praktisch gesehen nicht besonders hilfreich. Immer noch verlasse ich mich auf meine Diplomatie, weiche problematischen, schmerzhaften Gesprächen mit meinen Eltern aus, harmonieverliebt wie eh und je, klare Worte fürchtend, jedes Verletzungsrisiko scheuend. Es ist meine Schwester, die das Heft in die Hand nimmt. Ich unterstütze sie, aber sie ist die Aktive.

Rollenwechsel

Dennoch: Offenbar besteht die Chance, sich aus Rollenfächern herauszuentwickeln, wenn das Familiengefüge durch hilfsbedürftige Eltern neu sortiert wird. Spannend. Eine befreundete Ärztin erzählte mir von einem Bekannten, der als älterer Bruder immer das Vorzeigekind der Familie gewesen war. Erfolgreich. Dominant. Ein Macher, später der Star einer großen Steuerberatungsfirma, mit wenig Zeit und Sinn für familiäre Verpflichtungen. Ganz anders als seine jüngere Schwester, die heiratete, Kinder bekam und keinerlei Ambitionen zeigte, sich mit ihm durch fabelhafte Jobs oder andere Erfolge zu messen.

Dann passierte alles gleichzeitig: Seine Kinder gingen aus dem Haus, seine Frau verließ ihn Hals über Kopf, fast von einem Tag auf den anderen blieb er allein zurück. Prompt reagierte er so, wie alle es erwartet hatten: noch mehr Arbeit, viel mehr Arbeit, auch abends und am Wochenende. Bis seine Mutter sich beim Brötchenholen verlief und nicht mehr in ihre Wohnung zurückfand.

Er beriet sich mit seiner Schwester. Die Sache schien sonnenklar: Sie würde sich fortan um die Mutter kümmern, er würde sie dafür finanziell unterstützen. Doch zum größten Erstaunen aller kam es ganz anders. Seine jüngere Schwester, inzwischen Mitte fünfzig, erklärte ihm selbstbewusst, sie

habe nicht die Absicht, nach den Kindern nun auch noch die Verantwortung für die Mutter zu übernehmen. Jetzt sei sie dran. Sie wolle arbeiten, sie wolle reisen, sie wolle endlich etwas für sich tun. Die Hinfälligkeit der Mutter habe ihr klargemacht, dass sie nicht mehr unendlich lange Zeit dafür habe. Er könne sich schon mal nach einem geeigneten Heim umsehen. Ihr Entschluss sei nicht verhandelbar, und am Geld werde es ja auch nicht scheitern.
Niemand hatte so etwas vermutet, nicht mal der Ehemann der Schwester. Und ihr Bruder? Der sagte zunächst gar nichts. Wortlos stand er auf und machte sich in den kommenden Wochen daran, die Heime der Umgebung abzufahren. Als Überbrückung engagierte er eine Krankenschwester, die rund um die Uhr auf die Mutter aufpasste. Nach zwei Monaten rief er seine Schwester an. Ruhig teilte er ihr mit, dass er sich frühpensionieren lassen wolle. Und damit nicht genug: Er wolle ihre Mutter zu sich nehmen, solange es möglich sei, die Krankenschwester solle kochen und waschen, er würde sich um das Seelenheil der alten Dame kümmern. Er sagte tatsächlich »Seelenheil«.
Seine Schwester hielt ihn für verrückt. Sie beschwor ihn, nichts zu überstürzen, seinen Job bekäme er nie wieder, er sei doch fast sechzig. »Ich habe meine Familie verpasst, vor allem meine Kinder«, sagte er nur. »Ich habe sie vorbeirauschen lassen, jetzt sehe ich nur noch Rücklichter. Und will wenigstens noch ein paar Jahre mit unserer Mutter zusammen sein.«
Die Freunde marschierten auf, die Kollegen, sie fanden sein Ansinnen absurd, sogar sein Schwager versuchte, ihm die Sache auszureden. Nur seine Söhne gaben sich die Mühe,

ihn zu verstehen. Sie reisten an, irritiert zwar, doch sie sahen die Sache lässiger. Zum ersten Mal fühlte sich der Vater ihnen verbunden, jenseits von Vaterliebe, die er nie mit besonderer Emphase gelebt hatte – es war die beiläufige, leicht zerstreute Liebe beschäftigter Eltern gewesen, mit dem bloßen Auge von höflichem Desinteresse kaum zu unterscheiden. Nun war er ihnen dankbar für ihre gleichmütige Toleranz.

Als Letztes hatte seine abtrünnige Frau ihren Auftritt als Retterin seiner Freiheit. Hochfahrend setzte sie ihm ihre Argumente auseinander, nicht bemerkend, dass sie ihm eine Gleichgültigkeit empfahl, die doch für sie selber ein Trennungsgrund gewesen war. Das sei ein völlig unnötiges Opfer, einer bloßen Laune geschuldet, vielleicht auch der gescheiterten Ehe, man dürfe nicht den Kopf hängen lassen, vor allem aber solle er keine Dummheiten machen. Ein erwachsener Sohn, der seine Mutter pflegt – wo gebe es das denn? Er blieb standhaft.

Kurz darauf löste er die Wohnung seiner Mutter auf, verschenkte das meiste, die besten Stücke nahm er mit und richtete seiner Mutter ein Zimmer damit ein. Die Ärztin, die mir die Geschichte erzählte, hat ihn in dieser Zeit besucht. Es muss merkwürdig gewirkt haben, das ganze Haus clean und chic eingerichtet, mit Stahlrohrmöbeln, Marmorböden, modernistischen Kunstwerken an den Wänden, viel Grau und Weiß, frostigste Coolness. Und dann dieses eine Zimmer im Erdgeschoss, ein Heimatmuseum mit geschnitztem Eichenschrank und Chippendale-Anrichte, mit einem mürben Orientteppich und Blumenbildern an der Wand, nur ein neues Bett hatte der Sohn gekauft. Die Krankenschwester wohnte nebenan, im Gästezimmer.

Drei Jahre hat er seine Mutter bei sich behalten, drei Jahre, in denen sie die Hautcreme mit der Zahnpasta verwechselte, Löcher in seine Hemden bügelte, im Garten nach ihrem verstorbenen Mann suchte, im Müll nach vermeintlich verlorenem Schmuck – und schließlich nach der Polizei rief, weil sie ihren Sohn nicht mehr erkannte und für einen Einbrecher hielt. Fünf Krankenschwestern hatte sie verschlissen, er hatte auf Urlaub verzichtet, sie stundenlang im Auto spazieren gefahren, weil sie das genoss, ihr jeden Sonntag Schwarzwälder Kirschtorte gekauft, die sie so gern mochte. Erst als sie nach einem Unfall beim Duschen das Bett nicht mehr verlassen konnte, das Trinken verweigerte und intensive medizinische Betreuung brauchte, Kochsalzinfusionen und eine professionelle Schmerztherapie, brachte er sie in einem Heim unter. Bis zu ihrem Tod besuchte er sie täglich.
Mit seiner Schwester hatte er in all dieser Zeit kaum gesprochen, sie war ihm vorher nicht besonders nahe gewesen, über den Streit um die Mutter hatten sie sich überworfen. Nach der Beerdigung setzten sie sich zum ersten Mal wieder zusammen, etwas abseits, in eine Ecke. Und redeten stundenlang über die Mutter, über den längst verstorbenen Vater, über ihre Kindheit, über Lehrer, Ferienreisen, Streiche, öffneten die alte Schatzkiste der Erinnerungen. Und sie hatten eine Brücke entdeckt, eine neue Phase der Geschwisterbeziehung. Wirkliche Anerkennung jedoch hat er für seine ungewöhnliche Entscheidung nie bekommen. Das blieb seiner Familie auch im Nachhinein immer unerklärlich, nahezu unheimlich.

Typisch

Regeln brechen, unkonventionell handeln, nirgendwo ist das offenbar so schwierig wie unter Geschwistern. Sie ist perfekt einstudiert, die Choreografie der Blicke und Gesten, die Stoßseufzer: »Typisch!« – »Ach, jetzt kommt er wieder mit *der* Nummer« – »So war sie ja immer schon«. Solange wir als Geschwister gemeinsam unsere Eltern besuchen, befinden wir uns in einem Handlungsballett, dessen Choreographie nie geändert wird. Wer den Tisch deckt, wer Klavier spielt, wer fernsieht, wer in der Küche hilft, alles längst beschlossen und besiegelt. So vorhersehbar wie das *Dinner for One*.

Korrektive? Die kommen meist von angeheirateten Partnern, die sich den Familienritualen verweigern. »Am schlimmsten ist die Zeit kurz davor«, sagte meine Freundin Marie vor ein paar Wochen. »Wovor?« – »Na, kurz bevor der Ernstfall eintritt. Die Eltern meines Freundes sind steinalt, leben aber noch in ihrem Häuschen. Mein Freund hat vier Geschwister, in alle Winde zerstreut, und wenn seine Eltern sie einladen, immer alle auf einmal, dann bestehen sie darauf, dass die Kinder samt Enkelkindern wie früher geschlossen bei ihnen im Haus übernachten. Du kannst dir nicht vorstellen, wie schrecklich das ist. Alle finden es schrecklich. Es gibt nur ein Badezimmer, wir schlafen auf Liegen und Luftmatratzen, es ist eng, man kann kaum atmen, das ganze Haus ist zugestellt, weil seine Eltern echte Messies sind. Nur die Angeheirateten machen nicht mit. Oft gehen sie noch spät in der Nacht heimlich ins Hotel, weil sie klaustrophobische Anwandlungen bekommen. Bei meinem Freund und mir ist es noch verrückter: Wir haben ja eine eigene Wohnung hier, in derselben Stadt, wir haben ein Kind, unsere eigene Familie, trotzdem sollen wir brav antreten und dort übernachten.«

Heiße Diskussionen hat sie mit ihrem Freund darüber geführt. Er wiegelte ab, sprach von Liebe, von Pflicht, von Respekt. Aber sie ertrug es kaum, dass er bei diesen Familienzusammenkünften von einem Moment auf den anderen wieder der kleine Junge von einst war, der sich fügte, der nicht wagte, an güldenen Spielregeln zu rütteln. Und das, obwohl er eine leitende Position in einem großen Konzern hat, viel unterwegs ist, ein Mann, der alles andere als gewohnt ist, sich unterzuordnen.

»Wie soll das weitergehen?«, fragte ich. »Ich streike«, sagte meine Freundin. »Nächstes Mal fahre ich mit unserer Tochter abends in meine Wohnung zurück, egal, ob er mitkommt oder nicht. Essen kann ich da auch nicht, ein Blick in die Küche seiner Mutter, und man verliert den Appetit. Ich trinke nur etwas, aber nur aus Flaschen, die in meiner Gegenwart geöffnet werden. Ich gehe vorzugsweise im Sommer hin, im Garten halte ich es einigermaßen aus. Nils nennt mich neurotisch. Soll er. Was habe ich mit diesen Sachen zu tun? Wenn er das gehorsame Kind spielen will, bitte, ich bin kein Kind, ich habe selbst ein Kind, das sind nicht meine Eltern, und selbst wenn sie es wären, würde ich diese Jugendherbergsatmosphäre nicht aushalten.«

Listig, ich gebe es zu, fragte ich nach der Geschwisterposition ihres Freundes. »Nils ist der Zweitjüngste«, antwortete sie. »Ich glaube, den Jüngeren fällt es sowieso schwerer, auch mal zu protestieren. Es sind doch nur ein, zwei Nächte, sagt er immer, was ist schon dabei? Aber es ist eine Menge dabei, finde ich. Warum spielt er seinen Eltern vor, was er längst nicht mehr ist? Der Chef als Knirps, geht es noch krasser? Außerdem: Warum ist es ihm nicht wenigstens ein winziges bisschen peinlich, dass ich ihn so erleben muss? Und warum schämt er sich nicht vor unserer Tochter? Sie ist fünf, aber sie beobachtet sehr genau, was mit ihrem Papa passiert, wenn er bei den Großeltern ist. Sie sagt immer: ›Bei Opa ist Papa ganz klein.‹«

Marie hat ihre Eltern früh verloren, umso exotischer und absurder wirkt auf sie das erzwungene Schauspiel einer Familie, die so tut, als habe sich im Laufe der Jahrzehnte nichts verändert. Und als dürfe sich auch nichts verändern. Abfinden will sich Marie nicht damit. »Solange er sich freiwillig in den Würgegriff seiner Eltern begibt, werden wir Streit haben. Natürlich. Aber wenn er sich jetzt nicht befreit, wann dann? Gut, er ist der Zweitjüngste, war immer der Liebling seiner Eltern, der Sonnenschein. Aber er ist jetzt vierundvierzig, da könnte man den Eltern schon mal beibringen, dass man erwachsen ist und diese Nesthäkchenkomödie beenden möchte. Ich will aber nicht, dass er das mir zuliebe tut. Das muss er schon selbst begreifen.«

Rückfahrkarte

Ich ahne, wovon sie spricht, auch wenn ich an mir keine solch drastischen Metamorphosen erlebe. Ein Freund sagte mir mal nach einem Telefonat mit meiner Mutter, ich hätte eine unnatürlich kindliche Stimme gehabt, während ich mit ihr sprach. Er fand das lächerlich, ich hatte es gar nicht bemerkt. Und fühlte mich doch ertappt: Verhielt ich mich wie der Wolf im Märchen, der Kreide frisst, um das Lämmchen vorzugeben? Von nun an stand ich manchmal neben mir, wenn ich meine Mutter anrief, und hörte mir kritisch zu. Ja, es stimmte, meine Stimme rutschte eine Tonlage höher, ich neigte zu einer anderen Wortwahl, zu anderen Floskeln, ich sagte im Zweifelsfall das, was sie zu hören sich wünschte. Gab ich mich deshalb auf? Verlor ich etwas von meiner Identität, wenn ich als Jüngste agierte, als ewiges Küken? Musste ich das ändern?

Ich habe den Test gemacht. Mich eines Sonntagnachmittags gezwungen, möglichst so zu reden, wie ich mit einer Freundin sprechen würde. Ohne Zuckerguss. Die Reaktion meiner Mutter: »Geht es dir nicht gut? Bist du krank?« Nie wieder habe ich den Versuch wiederholt. Ja, es fällt uns schwer, uns gegenüber unseren Eltern so zu geben, wie wir heute sind. Mir jedenfalls fällt es schwer. Ich switche frohgemut und unabsichtlich in meine alte Rolle als Jüngste der Familie. Mittlerweile finde ich nichts Verbogenes oder Verlogenes mehr dabei. Das ist eben ein Teil von mir, die »Kleine« zu sein, die Sanfte, die Weiche. Wann, wenn nicht bei meinen Eltern, kann ich das schon gefahrlos ausleben?

Im wahren Leben habe ich mich verändert, übrigens auch durch die nicht immer schmerzfreie Einsicht, dass das Verhaltensmuster der »Kleinen« zur Gefährdung werden kann. Wenn ich zu schnell nachgebe, mich unterordne, mich durchlaviere. Doch bei meinen Eltern muss ich mich nicht behaupten, tröstliche, späte Einsicht. Und schließlich: Haben wir nicht ohnehin ein weites Repertoire der Sprechweisen und Modulierungen, je nachdem, wem wir uns zuwenden? Wir beherrschen viele Tonarten, abhängig davon, ob wir mit dem Ehemann, dem Kind, dem Arzt oder dem Klempner sprechen.

Wo ist jedoch die Grenze zwischen harmlosem Rollenspiel und Regression? Und wo kann, wo muss diese Grenze gezogen werden, wenn die nächste Generation involviert ist? Ich fragte Marie nach den anderen Enkelkindern. »Sechs sind es, und die müssen auch mitmachen, ob sie wollen oder nicht«, antwortete sie. »Das geht so weit, dass Weihnachten alle Kinder anreisen – ohne ihre Ehepartner, aber mit den Enkelkindern. Eine gespenstische Veranstaltung, wenn du mich fragst. Ich mache da nicht mit, unsere Tochter soll wissen, wo ihr Zuhause ist. Es wird ja geradewegs so getan, als ob die Schwiegertöchter und Schwiegersöhne nur Randfiguren sind, keine Kernfamilie. Am ersten Weihnachtstag soll Nils ruhig zum traditionellen Gänsebratenessen gehen, doch sein Platz ist an den übrigen Weihnachtstagen bei uns. Weihnachten bei den Großeltern, aber nur mit Mama oder Papa, so werden sich die anderen Kleinen an das Fest der Liebe erinnern.«

»An das Fest der Liebespflicht«, versuche ich mein neues Wort ins Spiel zu bringen. »Ja, so muss man es wohl nennen. Das Dumme an dieser Liebespflicht ist, dass sie nie zur Disposition steht. Sie ist einfach da. Schon in der Adventszeit entsteht ein magischer Sog, alle Gedanken kreisen nur noch um den Weihnachtsbaum der Eltern.« Wie Marie die Jüngsten der Geschwister charakterisieren würde? »Weich wie Wachs, oder, brutaler ausgedrückt: angepasst bis zur Unterwerfung, ängstlich bis zur Feigheit. Entschuldige bitte, dass ich so hart bin, aber von außen sieht man das natürlich gnadenloser.«

Big Brother

Ähnlich gereizt reagiert meine Freundin Jackie, als ich sie auf das Thema Geschwisterkonstellationen anspreche. »Ich bin Einzelkind. Aber mein geliebter Benedikt ist von seinen Geschwistern der Älteste. Jetzt sag bitte nicht, ich hätte mir vermutlich immer einen größeren Bruder gewünscht. Einen großen Bruder wie Benedikt würde ich nämlich gar nicht wollen. Wenn es um seine Familie geht, ist er nicht mehr zu halten. Er gibt den Übervater, obwohl sein Vater noch lebt.«

Wir stehen bei ihr zu Hause im Wohnzimmer, ich hatte eigentlich nur eine Salsa-CD abholen wollen, doch momentan ist niemand vor meinen Fragen sicher. Sie holt ein Fotoalbum, blättert kurz darin und zeigt mir dann ein Familienporträt, aufgenommen am achtzigsten Geburtstag ihres Schwiegervaters. Es ist eines dieser Gruppenfotos, wie man sie früher machte. Die Ältesten stehen, die mittlere Generation sitzt, davor liegen die Kinder. Ich mag diese Fotos sehr. Schade, dass man heute eher zu Schnappschüssen neigt. Als ob man unbedingt die Assoziation an dynastisches Gepränge und feudalistische Selbstdarstellung vermeiden müsste – oder die Generationenwahrnehmung verwischen. Das letzte Foto dieser Art wurde in meiner Familie bei der goldenen Hochzeit meiner Eltern aufgenommen.

»Sieh mal genau hin«, fordert Jackie mich auf. Ich gehe die Gesichter durch. Die Zweite von rechts in der mittleren Reihe, das ist Jackie, sie lächelt etwas verspannt, eingeklemmt zwischen den sehr formell aussehenden Schwägern und Schwägerinnen. Doch wo ist Benedikt? Jackie deutet mit dem Finger eine Reihe höher. »Von mir aus nenn es Küchenpsychologie, aber es ist kein Zufall, dass er neben seinen Eltern und seinen Onkels und Tanten steht. Ginge es nach ihm, er würde als Erzengel über allen schweben. Mit Feuer und Schwert natürlich.«

Ich hatte Jackie und Benedikt nie als Krisenprogramm empfunden, sie passten gut zusammen, fand ich, gerade deshalb, weil sie sehr unterschiedlich sind. Er, der etwas, na ja, vielleicht ein bisschen allzu ernste Internist, sie, die agile Jazz-Dance-Trainerin mit dem Faible für Salsamusik. Speed trifft Schlaftablette, hatte ein gemeinsamer Freund mal gewitzelt. So etwas könne durchaus funktionieren.

Jackie klappt das Album zu. »So, jetzt weißt du eigentlich schon alles. Benedikt sieht sich als Familienoberhaupt. Seine Eltern sind irgendwie weltfremd, er managt alles für sie. Die sind richtige Träumer: Wenn der Abfluss mal verstopft ist, stehen sie nur staunend davor, unfähig, etwas zu unternehmen. Lach nicht, aber er macht sogar die Zahnarzttermine für seinen Vater und erinnert seine Mutter daran, wenn sie zur Routineuntersuchung beim Gynäkologen dran ist.« Sie runzelt unwillig die Stirn. »Und er zahlt – seit ich ihn kenne, gibt er seinen Eltern Geld, obwohl sie eine gute Rente haben. Als müsste er sich dafür entschuldigen, dass er in der Familie das meiste Geld verdient. Aber es geht noch weiter. Weißt du, was er mir sagte, als wir uns kennen lernten?« Ich weiß es natürlich nicht. »Dass er nicht heiraten und keine Kinder haben wolle. Er müsse sein Leben der Familie widmen.« Sie macht eine gespielt pathetische Geste, während sie das erzählt, ich sehe sie skeptisch an. »Das ist nicht dein Ernst.«

Jackie gefällt meine Entgeisterung. »Doch«, bekräftigt sie, »das waren seine Worte. Seine jüngere Schwester hat mir mal erzählt, dass er vor mir nie länger als ein Jahr mit einer Frau zusammen war. Wenn es ernst wurde, war er weg. Nur Affären hat er sich geleistet. Diese Schwester liegt ihm übrigens seit neuestem auch auf der Tasche – sie hat ein Baby, der Typ ist verschwunden. Also ist Benedikt dran. Der jüngste Bruder hält sich ganz im Hintergrund. Er war bei der Bank, ihm wurde aber neulich gekündigt, jetzt hat Benedikt ihn bei einem befreundeten Wirtschaftsprüfer untergebracht. Sogar wenn es um die Kinder seiner Geschwister geht, ist er zur Stelle. Gibt zum Beispiel Ratschläge, welche Schule die richtige ist. Gibt Tipps, wohin sie in die Ferien fahren sollten. Ohne Benedikt läuft nichts.«

Das hatte ich nicht erwartet. Gut, Benedikt ist eher reserviert, ganz anders als Jackie, doch ich fand ihn immer sympathisch. Was ich jetzt erfahre, hat einen leichten Touch von Anmaßung. Wer so viel gibt, will auch kontrollieren, denke ich. Vorsichtig frage ich nach. »Nein, Benedikt ist zauberhaft. Er will nur alles richtig machen«, beteuert Jackie. »Er ist süchtig nach Harmonie. Keine Ahnung, ob es die Eltern sind, die ihn dazu gebracht haben. Er hat zwei jüngere Geschwister, da musste er immer der verantwortungsvolle Große sein. Die Jüngeren kamen jeweils genau zehn Monate später, da hat er früh zurückstecken müssen.«

Und dann erzählt sie weiter vom achtzigsten Geburtstag des Schwiegervaters. Natürlich war es Benedikt, der die Rede hielt. Er hatte sie sorgfältig vorbereitet. »Schon als er aufstand und an das Glas klopfte, befürchtete ich das Schlimmste«, schildert Jackie den großen Moment. »Seine Hände zitterten, sein Zettel war schon nach einer Minute völlig zerknittert, so heftig knetete er ihn. Und dann brach seine Stimme. Er ging sozusagen in die Knie vor seinen Eltern. Tränen liefen über sein Gesicht. Er musste die Rede abbrechen. Da habe ich zum ersten Mal gemerkt, was ihm diese Rolle abverlangt. Wie schwer er daran trägt. Umso dringender muss er runter von dem Trip.«

Ich muss gehen, aber eines will ich noch wissen. »Wie wird es sein, wenn seine Eltern Hilfe brauchen?« Jackie zupft an ihrem T-Shirt herum. »Das frage ich mich manchmal auch. Eigentlich müsste man allmählich mit ihnen reden, sie sind ja schon über achtzig und etwas klapprig. Aber das wäre für Benedikt Hochverrat, das Thema ist tabu. Genauso wenig wie eigene Kinder. Ich habe nicht mehr viel Zeit. Doch wenn wir jemals Kinder haben sollten, ist der Bruch mit den Eltern vorprogrammiert. Tja, du siehst: eine harmlose Frage, und schon tun sich Abgründe auf.«

Familiengeheimnisse

Warum geht es in vielen Familien so sonderbar zu? Wie sind jene Verhaltensweisen entstanden, die von außen betrachtet exzentrisch, ja, widersinnig wirken? Wenn ich mir manchmal die Geschichten anhöre, die sich rund um die Ausnahmesituationen hilfsbedürftiger Eltern ereignen, so nehmen die Handlungsverläufe zuweilen groteske Züge an. Völlig normale Menschen, die ohne größere Verhaltensauffälligkeiten durchs Leben gehen, tun irrwitzige Dinge, es wird geschwindelt und verheimlicht, es wird taktiert und zugedeckt, erst wird zu viel, dann zu wenig getan, Euphorie löst sich mit Enttäuschung ab. Familie mutiert zum großen Neurotikum. Unerklärliche Dinge passieren, Streit, Versöhnung, Tränen, Verweigerung – warum?

Es war meine Freundin Ellen, die mir zum ersten Mal davon erzählte: von Familiengeheimnissen. Sie hatte ja nie ein besonders warmes Verhältnis zu ihrer Mutter gehabt, doch als sich deren Altersdiabetes immer mehr verschlimmerte, wurde ein Gespräch mit dem behandelnden Arzt im Krankenhaus unumgänglich. Widerwillig fuhr sie hin. Und nahm ihren fünfjährigen Sohn mit, obwohl sie unsicher war, ob sie das Richtige tat. Der Kleine mochte die notorisch missgelaunte Oma genauso wenig wie Ellen, er hatte mehr Ermahnungen und Kritik erfahren als großmütterliche Gefühle genossen.

Zu ihrer Überraschung traf Ellen am Krankenbett der Mutter auf ihren jüngeren Bruder Jens, den sie viele Jahre nicht gesehen hatte, ein Hallodri, wie man so sagt. Die ganze Familie war nun beisammen, nur der verstorbene Vater fehlte. Etwas unbehaglich saßen sie in dem blank gebohnerten Zimmer, in dem noch zwei andere alte Damen lagen, betreten wichen sie einander aus. Man sprach über irgendwelche Nichtigkeiten, die Geschwister hörten sich die Beschwerden ihrer Mutter über das Pflegepersonal an, und der Kleine, längst gelangweilt, lief immer lauter singend zwischen Tür und Fenster hin und her.

Ellen wollte gerade gehen, als es passierte: Ihr Sohn warf eine Vase um. Scheppernd zerbrach sie, Scherben flogen durchs Zimmer, das Blumenwasser spritzte über den Boden. Fast schien es, als habe die kranke Mutter nur auf diesen Anlass gewartet. Unmäßige Wut entlud sich auf das Kind, eine Flut von Beschimpfungen, und, was am unverständlichsten war, auch der große Sohn wurde gleich mitbeschimpft. »Ihr Jungs ward noch nie zu etwas gut! Immer das Gleiche! Nichtsnutze! Zum Teufel mit euch!« Sie war gar nicht wieder zu beruhigen, erst als Ellen sie mit beiden Armen festhielt und sie anschrie, sie solle endlich Ruhe geben, verstummte die Mutter. Dann standen alle betroffen da.

Als Erstes ergriff Ellen das Wort. »Warum immer dieser Hass auf die Männer?«, fragte sie aufgebracht. »Weißt du eigentlich, dass du mich mit deinem grauenhaften Hass vergiftet hast?« »Wieso?«, fragte ihre Mutter gespielt unbefangen zurück. Ellens Stimme überschlug sich. »Das willst du wirklich wissen? Du hast Vater aus dem Haus getrieben, hast Jens so lange fertiggemacht, bis er ausgerissen ist, und ich kann kaum eine Beziehung ertragen, weil ich die Männer immer so sehe, wie du es mir beigebracht hast: nichtsnutzig, wertlos, das Allerletzte!«

Augenblicklich brach die Mutter in Tränen aus, so wie immer, wenn es gefährlich wurde. Doch diesmal wollte Ellen sie nicht so leicht davonkommen lassen. »Warum?«, schrie sie. »Aber, aber … die Männer sind doch nun … mal«, schluchzte die Mutter. »Was?« Unter reger Anteilnahme der Zimmernachbarinnen schleuderte die kranke Mutter ein paar Halbsätze in die versteinerten Gesichter der Geschwister, Bruchstücke ihrer Geschichte, deren Kern darin bestand, dass sie

als Kind missbraucht worden war. Nie zuvor hatte sie davon erzählt. »So, nun wisst ihr's«, stieß sie zum Schluss hervor. »Und nun will ich euch nicht mehr sehen! Raus hier!«
Auf dem Krankenhausflur sahen Ellen und ihr Bruder betreten zu Boden. »Das war's dann ja wohl«, sagte Jens. »Noch mal kriegt die mich nicht zu sehen.« Ellen wollte darüber reden, hatte sie doch unverhofft den Schlüssel zu all dem gefunden, was ihre Kindheit mit einem zähen Geheimnis umgeben hatte, den Schlüssel zum Unaussprechlichen, das sie geahnt, aber nicht gewusst hatte. Doch ihr Bruder floh. Als Ellen mir die Geschichte erzählte, war sie noch immer wie versteinert. Sie habe darüber gelesen, sagte sie, es gebe solche Familiengeheimnisse, sie würden ängstlich verschwiegen, meist erführe man sie nie. Doch sie sei froh, dass sie jetzt die Wahrheit wisse.
Es gibt sie wohl in jeder Familie: Dinge, über die man nicht spricht, sorgfältig verborgene Fehltritte, geheime Vermögen, vertuschte Dramen. Sie bilden den Pool aus bewussten und unbewussten gemeinsamen Erinnerungen, und sie beeinflussen die Familiengeschichte, auch wenn gar nicht offenbar ist, was sich einst ereignet hat. Das Seltsame scheint zu sein, dass solche Familiengeheimnisse intuitiv erfasst werden, trotz hartnäckigsten Schweigens.
Bei einer Familientherapeutin las ich einmal den Satz: »Alle Familien haben Schätze auf dem Dachboden und Skelette im Keller.« Gemeint waren die verdrängten oder verschwiegenen Geschichten, die sich in Familien ereignen, gute und böse. Wenn die Familienmitglieder einander näher kommen, weil sie sich um die alternden Eltern schart, drängen nur zu oft lange schwelende Themen ans Tageslicht. Eine

Bekannte berichtete fassungslos, dass ihre alte Mutter unter Tränen gebeichtet habe, es habe eine ältere Schwester gegeben, die zur Adoption freigegeben worden sei, finanzieller Schwierigkeiten wegen. Ein Freund musste damit fertig werden, dass sein Vater, hinfällig schon, ihn ins Vertrauen gezogen und eine Affäre gestanden hatte. »Es war der falsche Moment«, seufzte der Sohn, »gerade war ich meinem Vater wieder näher gekommen, doch das war zu viel Nähe, das hatte ich nicht gewollt.« Mein Bekannter Klaus erzählte mir, kurz vor dem Tod habe sein Vater in einem Nebensatz ungewollt verraten, dass er schon vor Jahren der Lieblingstochter eine Eigentumswohnung gekauft habe, ohne Wissen der anderen Geschwister.

Familiengeheimnisse brechen meist auf, wenn man sie am allerwenigsten gebrauchen kann, wenn das Gesetz des Handelns eigentlich einen klaren Kopf verlangt. Sie irritieren, denn sie komplizieren ohnehin belastende Situationen. Andererseits: Für Klaus löste sich endlich ein Rätsel. »Mein Vater verhielt sich seit einigen Jahren merkwürdig mir gegenüber. Er wollte mir immer Geld zustecken, mal einen Zehn-Euro-Schein, mal etwas mehr. Ich fand das unpassend, fast beleidigend – als ob ich es nötig hätte, kleine Scheine anzunehmen. Jetzt ist mir natürlich alles klar: Er wollte sein schlechtes Gewissen beruhigen.«

Klaus war anfangs wütend gewesen, dass sein Vater heimlich Geld für seine Lieblingstochter abgezweigt und dass sie es ebenso heimlich angenommen hatte. Erst einmal hatte er mit seiner Schwester gestritten, am Ende versöhnten sie sich. »Das ist das Wichtigste gewesen«, sagte er. »Wir haben unseren Frieden gemacht. Mein Vater war immer ein sehr rationaler Mensch, und daneben hatte er offensichtlich seine kleinen Paradiese, wo er sich austobte, auch finanziell – und etwas machte, was eigentlich nicht richtig war. Na und? Ich bin doch im Grunde genauso.« Und dann, nach kurzem Nachdenken, fügte er hinzu: »Wer sagt denn, dass es ein Spaziergang ist, wenn man sich nach einer Unterbrechung von ein paar Jahrzehnten mit seinen Geschwistern neu findet? Was erwarten wir denn? Instant-Harmonie?«

Nicht immer sind es die ganz großen Tragödien, auch kleine Familiengeheimnisse kommen zum Vorschein, Geheimnisse, die besonders den Geschwistern einiges abverlangen. Mythen zerbröckeln, etwa der Mythos vom stets erfolgreichen Vater, der Mythos von der intakten Familie, späte Wahrheiten werden offenbar. Im Reizstrom der neuen Nähe lassen sich solche Mythen aber auch neu lesen, als schützende Versionen gelebten Lebens, ohne Arg weiter und weiter erzählt, in der besten Absicht.

»Ich habe nie gewusst, dass mein Bruder als Baby sehr schwer krank war, so schwer, dass meine Eltern bleibende Schäden fürchteten«, erzählte Pia, eine Regisseurin. »Meine Eltern haben es uns nie gesagt, sie wollten ihn wohl davor bewahren, dass er Angst um seine Gesundheit hätte. Sie wollten, dass er ganz normal aufwächst. Aber als ich vor ein paar Wochen die Papiere meiner Eltern durchsah, entdeckte ich Krankenberichte und Arztrechnungen aus dieser Zeit. Sie haben alles aufgehoben – vielleicht, weil sie dachten, sie müssten es eines Tages zur Hand haben, wenn er einen Rückfall bekäme.« Nun stand sie vor einer heiklen Entscheidung. »Sollte ich es, musste ich es meinem Bruder sagen? Es ist eine erbliche Krankheit, seine Kinder könnten die Anlage dazu haben, sogar meine. Oder musste ich die Verschweigetaktik meiner Eltern respektieren?«

Ein paar Tage lang hatte sie die Neuigkeiten mit sich herumgetragen, dann informierte sie ihren Bruder. Der war bestürzt, doch schließlich hatten sie sich darauf geeinigt, dass ihre Eltern das getan hatten, was sie damals für das Beste halten mussten. »Das Gute war: Endlich verstand ich, warum ich als Kind immer hinter meinem Bruder zurückstehen musste. Er wurde eindeutig bevorzugt, und das hat mich sehr gekränkt. Vermutlich haben sie ihn unbewusst verwöhnt, wegen seiner Krankheit.« Ich fragte sie, ob sie auch Familiengeheimnisse habe. »Also, ich würde meinem Kind alles sagen«, versicherte mir Pia, dann lächelte sie. »Na ja, nicht wirklich alles.«

Nicht jeder hat die Kraft, »Skelette« beiseite zu räumen und »Schätze« zu heben. Darauf gefasst sein müssen wir allerdings, dass mit dem Thema Familie mehr auf die Agenda gerät als das kuschelige Nest, das wir uns gern retrospektiv zusammenbauen. Wir geraten in die tiefen Schichten der Familienannalen und sehen uns neu im Licht dieser Entdeckungen, ob wir wollen oder nicht. Der Onkel einer Freundin gestand ihr auf dem Totenbett, er sei ein uneheliches Kind gewesen und dann vom späteren Mann seiner Mutter adoptiert worden. Viele Jahrzehnte hatte er dieses Geheimnis vor der Nichte verborgen. »Und weißt du was?« Meine Freundin lächelte. »Ich fand das toll. Immer wurde der Anschein erweckt, unsere Familie sei untadelig, eine moralische Instanz. Irgendwie macht die Existenz eines ›Fehltritts‹ meine Familie menschlicher – ich bin froh, dass ich es jetzt weiß. Ich habe es sofort meinen Geschwistern erzählt, und die reagierten genauso.«

Gefühle

Eine der erstaunlichsten Erfahrungen ist: Eltern reden bereitwillig, ja, begeistert von ihren Kindern. Von ihren Eltern selten, von den Geschwistern fast nie. Oft in der letzten Zeit erfuhr ich, nach jahrelangen, jahrzehntelangen Freundschaften, dass es überhaupt Geschwister gibt. Nicht, dass sie aktiv verschwiegen werden, doch Thema sind sie selten. Als sei das eine Schwäche. Als könne man nur mit Freunden auftrumpfen, mit jenen, die man sich erworben hat. Familie ist da, doch sie bleibt unsichtbar. Sind es auch die Gefühle?
Ich versuche mir manchmal vorzustellen, wie es unter uns drei Geschwistern zugehen wird, wenn meine Eltern nicht mehr leben. Inniger? Kühler? Habe ich auch meiner Schwester und meinem Bruder gegenüber eine Liebespflicht? Wir haben Gefühle für unsere Geschwister, keine Frage. Doch selbst wenn wir das Wort »Geschwisterliebe« kennen, wir sagen selten oder gar nicht, was wir füreinander empfinden. Ich habe noch nie zu meiner Schwester oder meinem Bruder gesagt: »Ich habe dich lieb.« Geschweige denn: »Ich liebe dich.« Das ist für andere reserviert. Ich sage es einem Mann, meinem Kind. Und es ist lange her, dass ich zu meiner Mutter, meinem Vater sagte: »Ich habe dich lieb.« Warum eigentlich?

6

Pflegenotstand!

Darf man Eltern ins Heim geben?

Wieder fahre ich zu meinen Eltern, meinen Sohn habe ich diesmal mitgenommen. Auf der Bahnfahrt bereite ich ihn vor. Schonend, wie man so sagt. »Opa ist alt«, sage ich, »und er ist sehr krank. Wahrscheinlich wird er nicht viel sagen können. Aber er freut sich, wenn wir kommen. Ganz bestimmt.« Er sieht kurz von seinem Taschenbuch auf. »Hm.« Mein Sohn kennt kaum alte Leute, wie auch? Es gibt sie nicht in unserem Freundeskreis, nirgendwo wohnen Großeltern in der Familie. Sie tauchen manchmal auf wie aus dem Nichts, Statisten auf Zeit, und verschwinden dann wieder. Und den Tod, den kennt er nur aus dem Fernsehen, wenn überhaupt. In Piratenfilmen fliegen Stuntmen über die Reling, er weiß, dass es Stuntmen sind, auch wenn er mitfiebert, ob die Guten gewinnen. Das ist alles.

Es ist Weihnachten, auf dem Flur des Heims steht ein geschmückter Tannenbaum. Im Zimmer dann erwartet uns eine Überraschung: Mein Vater liegt nicht im Bett, wie meist in letzter Zeit, er sitzt im Rollstuhl, er ist angezogen, und er begrüßt uns überschwänglich. »Ja, ich freue mich! Du bist da, und der Florian!« Ich staune über den unverhofften Umschwung, die Stimme meines Vaters ist volltönend, als müsse er wie früher eine Kirche füllen, er artikuliert völlig klar, auch wenn seine Sätze nicht immer das passende Ende finden. Auf die Frage, wie es ihm gehe, antwortet er fest: »Ich bin in der Lage zu leben ... und den Dienst zu tun, den es gilt.«

Meine Mutter ist mitgekommen, sie verlegt sich aufs Erzählen, schildert amüsiert, wie sie neulich ganz allein mit dem Busfahrer und einem Schaffner über Land fuhr und der lautstarken Unterhaltung der beiden lauschte. »Ja«, kommentiert mein Vater die Geschichte, »ländliche Leute haben Plaudersinn.« Ein knapper, treffender Kommentar. Ich horche auf – das ist doch mein Vater, wie ich ihn kannte. Doch schnell begreife ich, dass dieser hellsichtige Zustand kein Segen ist, nicht für einen Menschen, der den Beschränkungen seiner Krankheit und den Usancen eines Altersheims unterworfen ist. Vergeblich rüttelt er an dem Plastiktischchen, das an den Rollstuhl geschraubt ist und ihn bewegungsunfähig macht. »Das muss weg«, beschwert er sich.

Wir rufen eine Pflegerin. Sie zuckt bedauernd die Achseln. »Das Tischchen muss bleiben«, sagt sie. »Sonst rutscht er aus dem Stuhl und fällt.« Klingt plausibel. Doch mein Vater interveniert, wieder glasklar. »Es ist ein Unrecht, dass ich so gefangen gehalten werde«, sagt er laut und vernehmlich, »man muss das unten melden. Die Haft ...« Er verstummt. Meine Mutter und ich sehen uns betreten an. So erlebt er das Heim in seinen lichten Momenten? Wo mag er sich in seinem inneren Erleben befinden, im Krieg, in der Gefangenschaft? Wir können nur mutmaßen, was in ihm vorgeht. Er ist längst nach innen gereist, zurück, weit zurück. Meine Eltern haben den Krieg erlebt, mein Vater zog, von der Schulbank weggerissen, mit siebzehn in den Krieg, nach Russland, wurde mehrmals verwundet, sogar lebensgefährlich. Bombensplitter im rechten Arm, im Hirn, wundersame Rettung im Kugelhagel, in letzter Sekunde. Traumata, halb verdrängt, nie therapiert – jetzt kommt alles wieder, mit der Gnadenlosigkeit eines von der Krankheit entriegelten, peinigend genauen Langzeitgedächtnisses.

Fremde Nähe

Die Pflegerin ist herzlich, Karla, eine Russlanddeutsche mit starkem und irgendwie herzwärmendem Akzent. Sie nimmt seine Hand, redet ihm gut zu. Dann umarmt sie ihn plötzlich, drückt ihn fest und murmelt: »Ja, wir beide verstehen uns, nicht? Von Anfang an haben wir uns verstanden. Und in den Arm nehmen tut gut, nicht? Ja, tut gut ...« Wir sehen stumm zu, verlegene Voyeure, meine Mutter, mein Sohn und ich, wie sie, eine wildfremde Frau, meinem Vater körperliche Nähe gibt, ohne Scheu. Was ist das? Was bedeutet das? Ich weiß es nicht. Und muss doch froh sein, dass sie diese Nähe gewährt, diese leicht joviale, distanzlose Nähe zu einem alten, unheilbar kranken Mann.

Einordnen kann ich das Ganze dennoch nicht, zu fremd ist dieses Leben, das für meinen Vater Alltag ist, hoffentlich ein gemilderter, gnädiger Alltag. Ich wünsche es mir so sehr. Und doch bin ich eigentümlich berührt von dieser unvermuteten Vertraulichkeit. Mir wird bewusst, wie zufällig es ist, wer hier Dienst tut. Alles hängt von der Gutartigkeit der Pfleger ab; einen Einfluss darauf, wer meinem Vater so nah kommt, habe ich nicht. Hat niemand.

Darf man Eltern ins Heim geben? Sie den Unwägbarkeiten ausliefern, über die wir keine Kontrolle haben? Ich sitze mit meinem Sohn auf dem Bett meines Vaters, Florian hat seinen Gameboy auf den Knien, und ich verbiete ihm nicht das verstohlene elektronische Spielen, mit dem er die ungewohnte Erfahrung filtert. Was sind das für Leute, diese Altenpfleger? Wie halten sie es aus, selten Fortschritte ihrer Patienten zu sehen, eher den Weg in den Tod zu begleiten? Ich versuche mich in Konversation, bemüht um die Wiederherstellung einer sachlichen Atmosphäre. Wie viele Patienten es in diesem Heim gebe?, frage ich. »Wir haben hier keine Patienten, wir haben Bewohner«, sagt Karla resolut. Redet sie es sich schön oder ist das der offizielle Sprachgebrauch, mit dem der Job erträglicher wird?

Aus einem der Nachbarzimmer hört man die heiseren, unverständlichen Rufe eines Verwirrten. Schwer auszuhalten für jemanden, der nur als Gast, als Besucher diese Welt betritt und noch nicht gelernt hat, dass so etwas zur üblichen Geräuschkulisse gehört. Kann man sich an all das gewöhnen? Professionell damit umgehen? Wenn ich der russischen Pflegerin zusehe, dann weiß ich, dass ihre Herzlichkeit keiner Schulung folgt, sondern einem Impuls. Mein Vater hat Glück, sehr viel Glück.

Mein Sohn sagt kein Wort zu alledem. Er ist erleichtert, als wir eine Stunde später wieder in den grauen Nieselregen eines ungewöhnlich milden Dezembers heraustreten. Schwer zu sagen, was er denkt. Er hat seine Großeltern ja nicht oft gesehen, meist bei Familienfesten. Es gab ein paar wenige Momente, in denen etwas Gemeinsames aufflammte, ein Zusammengehörigkeitsgefühl, etwa, wenn wir mit den Großeltern Rummycub spielten, eine Art Domino. Dann waren wir uns nah, freuten uns gemeinsam, fieberten gemeinsam, lachten. Nie war er ohne mich bei ihnen.

Großmutter-Groove

Als ich klein war, verbrachte ich oft wochenlange Ferien bei meiner Großmutter mütterlicherseits. Ich mochte diese Ferien bei ihr, obwohl sie völlig unspektakulär waren. Sie umhüllte mich mit einer selbstverständlichen Güte, in die ich mich völlig fallen lassen konnte. Ich schlief bei ihr im großen Bett unter meterhohen Plumeaus, holte mit ihr im Garten die Kartoffeln aus der Erde, ließ mich von ihr in einer Zinkwanne baden. Sie kochte wunderbar, alles, worauf ich Lust hatte. Meine Oma hörte Radio, meine Eltern nie. Fasziniert schraubte ich an dem Wunderkasten mit dem magischen grünen Auge herum, bis Oma wieder ihren Stammsender einstellte. Das Pausenzeichen war das berühmte »b, a, c, h«, auf einem dumpfen Holzxylophon geklöppelt. Erst viele Jahre später erfuhr ich, was es damit auf sich hatte.
Am schönsten fand ich, wenn Oma Plattdeutsch »kürte«. Auch meine Mutter beherrscht es perfekt, schreibt sogar plattdeutsche Geschichten und Gedichte, doch sie vermied es, mit uns Kindern »Pladdütsch« zu sprechen, denn wir sollten korrektes Hochdeutsch reden. Bei Oma lernte ich den trockenen Humor dieser Sprache kennen. Sprüche wie: »Du

biste Beste up'n Honerneste, wenn da änners keener uppesit – Du bist die Beste auf dem Hühnernest, wenn gerade kein anderer darauf sitzt.« Oder, voller Anerkennung für eine Erfindung oder einen klugen Gedanken: »Wecke dat uutfun'n häff, dat is'n Dumm'n nich wien – Wer das herausgefunden hat, war kein Dummer.« Lakonische Sprüche voller Ironie. Der berühmte Mutterwitz. Meine Großmutter ist mir immer noch ganz gegenwärtig, ihre grenzenlos gutmütige, gelassene Art in allen Lebenslagen.

Anders, ganz anders die Mutter meines Vaters. Sie war eine Dame aus der Stadt, die erst im Alter in die Nähe ihres Sohnes gezogen war, aufs Dorf. Noch im kältesten Winter trug sie beängstigend transparente Seidenstrümpfe und im heißesten Sommer Glacéhandschuhe. Mein Vater begegnete ihr mit einem Respekt, dessen formelle Reserviertheit ich als Kind mehr bestaunte als beobachtete. Er nannte sie »Mutter«, nicht »Mama«. Sie umarmten sich nie. Jeden Tag kam sie zu uns, bügelte oder saß strickend auf dem Sofa, stets die Beine übereinandergeschlagen, was man uns Kindern untersagte. Abends las sie uns vor. Nein, sie rezitierte Grimms Märchen, mit tiefer, grollender Stimme. Wenn sie »Und dann kam der – WOLF« sagte, klang es wie Elisabeth Flickenschild höchstpersönlich, und wir Kinder, damals noch alle drei in einem Zimmer, zogen uns die Decke über den Kopf.

Mein Vater, auch das beobachtete ich, verrichtete ohne Murren seine Sohnespflichten, vielleicht auch seine Liebespflicht. Ein Heim kam nicht in Frage. Er konnte, er durfte seine Mutter nicht ins Heim geben. Jeden Abend brachte er sie mit dem Wagen nach Hause in ihre Wohnung. Und jedes Mal hatte sie eine kleine Aufgabe für ihn, die ihn festhielt:

eine Schublade reparieren, eine Glühbirne auswechseln, die große Pendeluhr aufziehen, die an der Wand hing, letzte Erinnerung an das alte Leben, gerettet aus der zerbombten Wohnung in Essen. Eine Stunde und mehr verbrachte er bei ihr, bevor er wieder zurückkehrte, oft hatten wir das Abendbrot schon beendet.

Eine mit damaligen Kinderaugen betrachtet, ernsthafte Angelegenheit war das, diese pflichtbewusste Mutter-Sohn-Beziehung. Ganz im Gegensatz zu der vertrauten Heiterkeit meiner Mutter und ihrer Mutter. Bei ihnen gab es einen Familien-Groove, einen Ton, eine Haltung, die geerdete Leichtigkeit hatte, so wie das Plattdeutsch, das sie miteinander sprachen. Es war eine Überlebensstrategie, mit der meine Mutter einen, meine Oma zwei Weltkriege überstanden hatten. In der »blauen Stunde«, wenn es draußen schon so dunkel war, dass man drinnen nichts mehr tun konnte außer zu reden, aber noch kein Licht machte, aus Sparsamkeit, aber auch, um dieses Dämmerreich zwischen Tag und Nacht auszukosten, wurde erzählt, »vertellt«, von früher. Wir Kinder waren süchtig nach »früher«, hörten uns immer wieder die alten Geschichten an, die wir doch längst schon kannten. Das gemeinsame Früher war ein ewiges unzerstörbares Band zwischen Mutter und Tochter, das ahnten wir. Und auch wir spürten, dass wir dazugehörten, dass dieses Band auch uns umschloss.

Dergleichen hat mein Sohn nie kennen gelernt, er wird nicht annähernd so stark geprägt sein von seinen Großeltern wie ich. Ihm ist der ältere Herr im Rollstuhl längst nicht so nah wie mir, längst nicht so nah, wie mir meine Großmütter waren. Aber möglicherweise täusche ich mich auch. Solche

Dinge sind schwer zugänglich, vielleicht wird er es in einigen Jahren anders beurteilen. Eine Schweizer Studie von 2007 besagt, dass immerhin 41 Prozent der Enkelkinder, die weit entfernt von ihren Großeltern leben, die Beziehung zu ihnen dennoch sehr wichtig finden. Betrifft das auch meinen Sohn? Er sieht mich fragend an. »Es ist gut, dass Opa dort ist«, sage ich. »Sie tun alles für ihn, sie helfen ihm. Er hat keine Schmerzen, das ist das Wichtigste. Ich weiß, es ist das Beste für ihn.« Nichts weiß ich. Mein Vater hat heute von Haft gesprochen, vom Gefangensein. Aber er hat bei früheren Besuchen auch betont, wie wohl er sich fühle, wie nett alle seien, wie gut er es habe. Ein Zwischenfall war das heute. Mehr nicht?

Fixiert

Wir stapfen durch den Regen, wortlos. Unglaublich, wie verändert mein Vater heute war, geht es mir immer wieder durch den Kopf. Wie energisch, wie wach. Alzheimer ist eine rätselhafte Krankheit, berühmt geworden durch prominente Patienten, Rita Hayworth, Ronald Reagan, Herbert Wehner. Ihr Entdecker, Alois Alzheimer, nannte sie 1901 »präsenile Demenz«, und er war sich manchmal nicht einmal sicher, ob es sich wirklich um eine Krankheit handelte oder einfach nur um eine Alterserscheinung. Doch mit der Definition als Krankheit kam auch erstmals die Möglichkeit einer Behandlung ins Spiel. Alzheimers Therapievorschläge basierten darauf, dass es täglichen Kontakt zwischen Arzt und Patient geben müsse. Das war die eigentliche Revolution: kein Dahinvegetieren, sondern Zuwendung. Die weiteren

Behandlungsmethoden: Diät, lauwarme Bäder gegen die Unruhe, Massagen, gering dosierter Alkohol gegen Angstzustände.

Als der einflussreiche Psychiater Emil Kraepelin 1936 starb, hatte er Alzheimers Vorschläge drastisch weiterentwickelt. Beim »Altersblödsinn«, so Kraepelin abfällig, solle man mit stundenlangen Dauerbädern gegen die Schlaflosigkeit angehen, mit Opiumgaben gegen die Angst, mit hoch dosierten Beruhigungsmitteln gegen die Unruhe. Dauerbäder? Ich bin heilfroh, dass wir im 21. Jahrhundert leben. Und dass mein Vater Menschen um sich hat, die mit ihm sprechen, die da sind; dass er meine Mutter hat, die ihm täglich die biblische Losung des Tages vorliest. Sie ist davon überzeugt, dass er sich erholen wird.

Alt und krank, das sagen wir in einem Atemzug. Mein Vater ist krank. Aber es gibt sicherlich sehr viele alte Leute, die nicht krank sind, sondern nur alt. Alt und vergesslich, alt und orientierungslos, alt und dehydriert, alt und unbeweglich. Dennoch kommen viele in Pflegeheime, die eher wie Krankenhäuser organisiert sind. Nicht alle diese Heime sind so vertrauenerweckend wie das meines Vaters, wo die Patienten – nein, Bewohner – sehr individuell betreut werden, wie ich sehen kann. Einige liegen zwar in Betten, andere aber sitzen in großen hellen Gemeinschaftsräumen, lesen Zeitung, sehen fern oder fahren in Rollstühlen durch das Haus.

Doch ich kenne auch die Katastrophengeschichten, wir alle kennen sie. Dass völlig gesunde, wenn auch gebrechliche alte Menschen sich stationären Abläufen fügen müssen, ins Bett gedrängt, ins Bett gezwungen. Wer sich wehrt, wird »fixiert«, mit Sedativa, Psychopharmaka, notfalls durch Fesselung. Wer regt sich darüber auf? Wer gründet eine Initiative, sammelt Unterschriften? Tierschützer befreien regelmäßig Affen und Mäuse aus den Versuchslabors, wer hätte je davon gehört, dass gequälte Alte befreit wurden?

Vor Jahren erzählte mir ein Freund aufgebracht, dass seine sechsundachtzigjährige Mutter »zwangskatheterisiert« worden war. Eine schmerzhafte Prozedur, gegen die sie erbitterten Widerstand geleistet hatte. Aber die Pfleger waren es leid, sie zu windeln, mehrmals am Tag die Bettwäsche zu wechseln. Zu viel Arbeit, es ging doch auch bequemer. Erst als der Sohn und die Tochter Pfleger und Ärzte massiv unter Druck setzten, wurde der alten Dame der Katheter erlassen. Schon zwei Wochen später kam die nächste Machtprobe: Die Mutter sollte mit einer Magensonde ernährt werden, weil das Füttern so lange dauerte, zu lange für den errechneten Zeitaufwand am Krankenbett. Es gebe Richtwerte, wurden sie kühl belehrt. Wieder mussten die erwachsenen Kinder intervenieren. Sie boten sogar an, beim Füttern zu helfen. Ärzte und Pfleger winkten ab, das passe nicht in den Plan. Sand im Getriebe. Immerhin konnte die moderne Folter verhindert werden. Was wäre geschehen, wenn diese alte Dame keine Kinder gehabt hätte? Nichts. Lieber tot als alt, hatte Freya gesagt. Lieber tot als Heim?

Wer erinnert sich nicht an die Skandale der letzten Jahre, Prozesse mit greller Medienbegleitung, in denen sich Pfleger verantworten mussten, die ihre Patienten, die »Bewohner«, mit Spritzen und Tabletten zu Tode brachten. Aus Mitleid, wie die Angeklagten einhellig beteuerten. Erlösung hätten sie im Sinn gehabt, keine Heimtücke.

Ich habe mal gelesen, dass Altenpfleger im Schnitt nur fünf Jahre diesen Job machen. Dann steigen sie aus, oft frustriert, allein gelassen, in jedem Fall unterbezahlt. Erst seit den sechziger Jahren ist es überhaupt ein eigenständiger Beruf, vorher war Altenpfleger ein Anlernjob, der Krankenpflege untergeordnet. Trotzdem scheint die Regel zu sein, dass Altersheim und Bettlägerigkeit immer häufiger zum Synonym werden.

Gomer City

Marc, ein Bekannter, seit kurzem Assistenzarzt in einem großen Klinikum, ließ neulich das Wort »Gomer« fallen, belustigt, ein wenig herablassend, als ich ihn nach seinem Job fragte. Ich wollte wissen, was das bedeute. Er erklärte es mir: Der Begriff stamme aus dem amerikanischen Kultroman der Ärzteszene, *House of God* von Samuel Shem, selber Psychiatrieprofessor. Darin werde das erste Klinikjahr junger Ärzte als eine Art medizinische *Rocky Horror Picture Show* geschildert. Willkommen in »Gomer City«. »Gomer« ist ein Kunstwort, die Abkürzung für: »Get out of my emergency room!«, zu Deutsch: »Raus aus meiner Notaufnahme!«

Gemeint sind mit »Gomers« demente alte Menschen, die in der Rangordnung des Krankenhauses offenbar ganz unten stehen. »Gomers sind Wesen, die das verloren haben, was ein menschliches Wesen ausmacht. Sie wollen sterben, und wir lassen sie nicht sterben«, heißt es in *House of God*. »Wir sind grausam zu den Gomers, und sie sind grausam zu uns, indem

sie mit Zähnen und Klauen gegen unsere Versuche ankämpfen, sie zu retten.«
Ich bekam eine Gänsehaut, als ich es nachlas. Was war das für eine Vorhölle, von der ich nichts wusste? Marc, den ich ein paar Tage später noch einmal darauf ansprach, hob beschwichtigend die Hände. »Wir sind keine Monster«, verteidigte er sich. Es klang schuldbewusst. »Aber es ist schon schwer zu ertragen, wenn bei den Alten alles gemacht werden soll, was möglich ist. Vor allem bei den Multimorbiden.« Bitte? »Bei denen, die mehrere Krankheiten gleichzeitig haben. Ob die Behandlung noch Hilfe ist oder nur die Verlängerung des Leidens, wer kann das schon sagen? Weiß ich, was so eine alte Frau wirklich empfindet? Wie viel Lebenswillen sie noch hat? Die Gerontos sind völlig unberechenbar. Gerade noch haben sie sich gegen die Infusion gewehrt, im nächsten Moment machen sie uns verrückt, weil sie alles gleichzeitig wollen, Tabletten, Infusionen, Sauerstoffmaske.«
In der Präambel der Bundesärztekammer zur ärztlichen Sterbebegleitung von 2004 steht: »Aufgabe des Arztes ist es, unter Beachtung des Selbstbestimmungsrechtes des Patienten Leben zu erhalten, Gesundheit zu schützen und wieder herzustellen sowie Leiden zu lindern und Sterbenden bis zum Tod beizustehen. Die ärztliche Verpflichtung zur Lebenserhaltung besteht daher nicht unter allen Umständen.«
Marc erzählte von einem Patienten, einem Mittachtziger, dem man vor sechs Jahren einen Defibrillator operativ eingesetzt hatte, eine Art Herzschrittmacher. Damals rettete das kleine Gerät sein Leben. »Jetzt ist es ein Bumerang«, erklärt Marc. »Er möchte sterben, hat keine Kraft mehr, doch jedes Mal, wenn sein Herz aussetzt, springt das Ding an. Manchmal jede

Woche. Sollen wir es etwa wieder herausoperieren? Nun muss er warten, bis die fünfte Lungenentzündung ihn endlich sterben lässt.«

Nein, versicherte er, abgestumpft sei er ganz bestimmt nicht, aber die Gomers seien halt ein Problem. Kämen als normale Patienten mit einer Lungenentzündung oder einem Oberschenkelhalsbruch in die Klinik, dann aber erholten sie sich nicht mehr. Endstation Gomer City. »Und der Pflegenotstand?«, fragte ich ihn. Marc fühlte sich wieder sicherer. Denn der Pflegenotstand betrifft die anderen, die Schwestern, die Pfleger. Das ist Gesundheitspolitik, nicht persönliches Versagen. Er klagte über die Gesundheitsreformen, über mangelhafte Betreuungsschlüssel. Im Krankenhausalltag komme es beispielsweise zu schmerzhaften Druckgeschwüren, weil zu selten umgebettet werde. Bei immer mehr Obduktionen sähe er offene Wunden. Es fehlten vor allem qualifizierte Altenpfleger, und es fehlten rund 20 000 Ausbildungskräfte, berichtete er. Die WHO spreche von einem »caredrain«, dem »braindrain« nachempfunden.

Durchschnittsverweildauer

Nur noch 40 Prozent der Pflegekräfte in Deutschland sind einschlägig ausgebildet, schätzt der Bundesverband für Altenpflege. Die übrigen 60 Prozent seien notdürftig angelernt, oft aus Osteuropa, schlecht bezahlt, meist nur mit befristeten Zeitverträgen. »Tarifflucht« nennt man das im Sprachgebrauch der Gewerkschaften. Bewegungstherapie, Medikamentenpläne, Sterbebegleitung, das alles beherrschten die

angelernten Pfleger nicht, wird kritisiert, nur die »Satt- und Sauberpflege«. Stimmt das? Was ist mit Karla? Macht sie ihren Job nicht hervorragend?
Doch je mehr Zahlen ich lese, je mehr Statistiken ich vergleiche, desto mehr verdunkelt sich das Szenario. Geht es nach den Richtlinien, wird im Heim nach Stoppuhr gepflegt. »Durchschnittsverweildauer« ist so ein Wort aus der modernen Pflegemaschinerie, ein aberwitziges Unwort, doch niemand stößt sich daran. Ein bis zwei Minuten darf das Zubettgehen dauern, vier bis sechs Minuten sind für das Entkleiden vorgesehen, fürs Haarekämmen werden maximal drei Minuten spendiert. Gleichzeitig klingelt die Registrierkasse. Teilwaschung und Nagelpflege: 8,80 Euro. Kleine Grundpflege, Hilfe beim Füttern: 29,60 Euro. Es kann sein, dass die Kasse das übernimmt, sicher ist es nicht. Zehn Minuten Gespräch, fünf Minuten Singen, drei Minuten Handhalten, eine Minute Gebet kosten ... sorry, ein geschmackloser Scherz. Das steht in keiner Richtlinie, das steht nicht auf der Agenda der Handreichungen.
Vor allem scheint jeder davon auszugehen, dass alte Menschen im Heim von einem Tag auf den anderen nichts mehr können. Gar nichts. Möglicherweise dürfen sie nichts mehr können. Vor einiger Zeit hörte ich die ehemalige Familienministerin Renate Schmidt in einer Talkshow zum Thema »Pflegenotstand« sagen: »Viele ältere Menschen im Heim können und wollen noch was tun. Ich habe meine Mutter, die im Heim lebt, mal gefragt, warum sie und alle anderen im Sommer zu den Rindsrouladen Rotkraut aus der Dose bekommen, aber kein einziges Mal frischen Spargel, obwohl mindestens zwanzig Bewohnerinnen gern bereit gewesen

wären, beim Spargelschälen zu helfen. So etwas würde doch den Menschen ein Stück weiterhelfen.«

Die Wahrheit ist: Ein Altenheimbewohner ist umso lukrativer, je pflegebedürftiger er ist. Kein ökonomisch denkender Heimleiter kann eine Interesse daran haben, dass es den Insassen wesentlich besser geht. Die Reduzierung der Pflegestufe ließe auf der Stelle weniger Geld in die Heimkasse fließen, jeder Fortschritt eines Bewohners würde zum finanziellen Rückschlag. Warum also seine Selbständigkeit fördern, warum ein Bewegungstraining organisieren, warum ihn ermutigen, wieder im Gemeinschaftsraum am Tisch zu essen? Im Fachjargon heißt das: bloß keine Aktivierung.

Längst wird mehr gerechnet als gepflegt. Rechnen nicht auch die Versicherer schon alarmiert nach, was lebensrettende Maßnahmen für ältere Patienten kosten, die Intensivmedizin, die teuren Ampullen, Infusionen, Geräte? »Wenn das Überleben eines Patienten von ökonomischen Kriterien abhängt, stehen wir ethisch da, wo die Nazis aufgehört haben«, schrieb Frank Ulrich Montgomery, langjähriger Vorsitzender der Ärztevereinigung Marburger Bund. Auf das Altersheim übertragen kann man sagen: Wer sein Bett verlässt, ist nicht nur unbequem für die straffen Abläufe, er verlässt auch die teure, attraktive Pflegestufe. Wer aber erst einmal eine Weile liegt, hat wenig Chancen, jemals wieder aufzustehen.

Geht es auch anders? Ohne die verordnete, kalt kalkulierte Passivität? Ohne institutionalisiertes Aufbewahren zwischen Kissen und Bettdecke? Ja, schon, man hört von Senioren-WGs, und es gibt ambulante Pflegedienste. In England, so erfahre ich, hat man weit innovativere Ideen entwickelt. Die

»informelle Tagespflege« zum Beispiel. Zwei bis drei demente Menschen verbringen bei diesem Modell den Tag bei einem speziell ausgebildeten ehrenamtlichen Helfer. Oder die »Befreundungsdienste« – ein ehrenamtlicher Besucher verbringt jeden Tag ein paar Stunden in der Wohnung eines Demenzkranken. Ganz neu sind in England die »Domus-Projekte«, bei denen alte Menschen in kleinen Gruppen zusammenleben. Sie bleiben in ihrem angestammten Stadtviertel, Familie, Freunde, Nachbarn können deshalb leicht Kontakt halten, sich weiter um sie kümmern. In Schweden existiert schon seit längerem das Konzept »Leben in Einzelwohnungen«, bei dem in ausgewählten Wohnblocks bei Bedarf Pflege und Betreuung angeboten werden. In Dänemark gibt es Tagespflegeheime – vergleichbar Kindertagesstätten –, die Berufstätigen die Möglichkeit geben, morgens ihre pflegebedürftigen Angehörigen dorthin zu bringen und abends wieder abzuholen. Fantasie an die Macht, wir brauchen noch viel mehr Ideen. Warum hört man bei uns so wenig von solchen Projekten?

Modernisierungsverlierer

Wenn ich jetzt manchmal erzähle, dass mein Vater in einem Heim lebt, ist die Reaktion ein zustimmendes Kopfnicken. Niemand findet das anstößig oder gar herzlos. Es scheint in das Bild zu passen, das sich andere von mir machen. Niemand erwartet, dass ich einen Pflegefall aufnehme.
Über die Motivation von Angehörigen, die ihre Eltern pflegen, gibt es Untersuchungen. Der Freiburger Soziologe Baldo Blinkert hat erforscht, welche Rolle das Milieu in diesem

Zusammenhang spielt. Er befragte Vierzig- bis Sechzigjährige, zwei Parameter hat er bei seiner Studie benannt, um sie zu charakterisieren: zum einen das »strukturelle Kapital«, womit er Bildungsgrad und Einkommen meint, zum anderen das »symbolische Kapital«, unter dem er die Lebensentwürfe subsumiert.

Seine Resümee: Bereit zur Pflege seien die so genannten »Modernisierungsverlierer« mit niedrigem strukturellem Kapital und traditionellen Lebensentwürfen. Die »Modernisierungsgewinner« hingegen, mit hohem strukturellem Kapital und modernen Lebensentwürfen, bevorzugten die Fremdpflege. Alles klar. Ich gehöre zur zweiten Gruppe. Und spüre doch einen tiefen Unwillen, dass ich einfach so einer Kategorie angehören soll. Die Unterscheidung von »Gewinnern« und »Verlierern« gefällt mir nicht. Dadurch würden Menschen, die bereit sind andere zu pflegen, abgewertet.

Die Politiker jedenfalls haben sich offensichtlich vorgenommen, deutlich mehr alte Menschen als bisher von Angehörigen pflegen zu lassen. Alles begann mit der Pflegeversicherung, die vor gut zwölf Jahren eine Gleichstellung von ambulanter und stationärer Pflege durchsetzte. Wer seine Eltern selbst pflegt, bekommt je nach Pflegestufe bis zu 665 Euro im Monat. Ein Pflegeheim kann monatlich zwischen 1600 bis 3500 Euro kosten, abhängig von Ausstattung und Pflegestufe, die Pflegeversicherung zahlt bis zu 1432 Euro, in Härtefällen bis zu 1688 Euro. Und die Differenz? Welche Rente reicht für eines der »besseren« Heime aus? Selbst wenn Sozialhilfe dazukommt, geht es meist nicht ohne die finanzielle Unterstützung der Angehörigen. Wenn sie denn zahlen wollen und zahlen können.

Es ist ein einfaches Rechenexempel: Jetzt müssen die »Modernisierungsverlierer« ran, jene, die sich kein Heim leisten können. So jedenfalls sehen es auch die Soziologen Peter Runde und Reinhard Giese von der Arbeitsstelle für Rehabilitations- und Präventionsforschung der Universität Hamburg. Ihr Kommentar: Die geplanten Kürzungen von Heimzuschüssen und die Aufstockung der Zahlungen für die häusliche Pflege benachteiligen insbesondere die älteren Menschen und ihre Angehörigen mit geringerem Einkommen: »Sie können sich eine stationäre Pflege nicht mehr leisten, die Angehörigen müssen ambulant Pflege übernehmen.« Wer diese Angehörigen sind, ist kein Geheimnis: Es sind die Frauen. Auch Runde und Giese betonen diesen Aspekt: »Frauen aus unteren und mittleren Schichten, die nach wie vor hauptsächlich die Pflege leisten, werden verstärkt herangezogen, müssen ihren Beruf aufgeben oder deutlich reduzieren. Ein solcher Ansatz ist deshalb sozial unausgewogen.«

Darf man Eltern ins Heim geben? Die Antwort ist ein Ja mit vielen Abers. Was wirklich im Heim passiert, ist schwierig zu beurteilen, wenn die Kinder weit entfernt wohnen, wenn nicht, wie bei meinem Vater, die Ehefrau täglich ihre Besuche macht – oder der Ehemann. Natürlich zeigen sich Pfleger bei den wenigen Auftritten der Kinder von ihrer besten Seite, was sie tun oder nicht tun, wenn sich die Tür wieder schließt, liegt im Dunkel. Ob die Eltern mit Würde und Respekt behandelt oder aber gekränkt und gedemütigt werden, niemand wird das herausfinden, wenn nicht der Vater oder die Mutter selbst noch zweifelsfrei darüber Auskunft geben können.

2003 veröffentlichte der Spitzenverband der Deutschen Krankenkassen einen *Pflegequalitätsbericht.* Bei 83 Prozent der Altersheimbewohner und bei 91 Prozent der ambulant Gepflegten diagnostizierte man einen »angemessenen Zustand«. Entwarnung? Nein, denn schlichte, aber lebenswichtige Dinge wie ausreichendes Trinken wurden übersehen. Bei 41 Prozent stellte man eine mangelnde Ernährung und Flüssigkeitsversorgung fest, 43 Prozent waren wundgelegen, 20 Prozent der Inkontinenten wurden nicht ausreichend versorgt.

Vorsicht. Bevor wir wirklich das Heim als Ultima Ratio wählen, sollten wir uns sehr genau informieren, welche anderen Möglichkeiten es geben könnte, ambulante beispielsweise. Nicht jeder alte Mensch hat so viel Glück wie mein Vater. Und nicht jeder alte Mensch hat das Glück, dass es Kinder gibt, die zumindest versuchen, eine Kontrolle über die Qualität der Pflege zu erlangen. Kriterienkataloge gibt es bei den einschlägigen Sozialverbänden. Unersetzlich aber ist der Augenschein vor Ort – bei der Auswahl des Heims und auch danach, immer wieder, am besten ohne Voranmeldung. Indizien gibt es viele – Sauberkeit, Gerüche, der Tonfall der Pfleger, die Möglichkeit, schnell und unkompliziert Kontakt mit Verantwortlichen aufzunehmen. Sicherheit gib es nie.

Doch die Frage, ob man Eltern ins Heim geben darf, wird ohnehin ein Luxusproblem werden. So wie es aussieht, fragen sich immer mehr Töchter und Söhne: »Können wir es uns leisten, die Eltern ins Heim zu geben?« Und noch viel mehr alte Menschen werden sich bald schon fragen: »Ich bin kinderlos, ich muss ins Heim, wer wird auf mich Acht geben?«

7

Groß im Leiden

Von der Freiheit eines Christenmenschen

Mein Vater hat viel gelitten in seinem Leben. Er hat nach seiner Kopfverwundung im Krieg neu sprechen und neu lesen lernen müssen, er hat mehrere Herzinfarkte überstanden, einen schweren Autounfall, Augenoperationen, er hat eine Krebstherapie hinter sich, Schmerzen, Todesangst. So gut wie nie habe ich ihn klagen hören. Ich kenne keinen anderen Menschen, der Erkrankungen, Zusammenbrüche, Rückschläge, Hiobsbotschaften mit so viel Gottvertrauen erträgt.

Stummes Leiden ist Resignation, die Haltung meines Vaters ist etwas ganz anderes, etwas, was am besten in dem Lied »Ich steh an deiner Krippen hier« ausgedrückt wird, eine unverbrüchliche, unerschütterliche Gottesnähe: »Ich lag in tiefster Todesnacht, du warest meine Sonne.«

Ich erinnere mich, wie mein Vater vor etwa eineinhalb Jahren am Esstisch in der Wohnung meiner Eltern saß, ermattet schon, etwas zusammengesunken, und völlig ruhig sagte: »Ich bin nicht mehr der, der ich einmal war. Oft tut mir alles weh, die Schulter, der Rücken. Nachts kann ich nicht schlafen, weil meine Beine unruhig sind. Ich sehe kaum noch etwas, ich höre schlecht. Aber ich bin heiter.« Er lächelte. So ist mein Vater. So sind meine Eltern. Es ist nichts Demonstratives dabei, es ist ganz von innen geglaubt und gelebt.

Auferstehung

Vor fünf Jahren hatte mein Vater seinen letzten Herzinfarkt. Es sah nicht gut aus, Wochen verbrachte er auf der Intensivstation, die Ärzte sagten schon sein Ende voraus. Aber er hatte ein Ziel: den fünfundsiebzigsten Geburtstag meiner Mutter. Meine Eltern feiern ihre Geburtstage groß, immer schon. Damals im Pfarrhaus an langen Tafeln, die in doppelter Reihe längs durch das Esszimmer und das Wohnzimmer aufgestellt wurden, in den letzten Jahren in einem schönen Ausflugslokal etwas außerhalb, in einem Festsaal, immer mit viel Verwandtschaft und Bekanntschaft, sechzig, siebzig Gäste. Es gibt ein Menü, Reden werden gehalten, wir Kinder und die Enkel tragen Gedichte vor, machen Musik, mein Sohn spielt etwas auf dem Klavier.

Auch diesmal war eine große Gästeschar zusammengekommen, doch die Stimmung war gedrückt, jeder dachte unentwegt an meinen Vater im Klinikum, nur wenige Kilometer entfernt. Jeder dachte daran, wie er dort im Krankenbett um sein Leben rang, während wir versuchten zu feiern. Als der Begrüßungssekt eingeschenkt wurde, fuhr meine Schwester los, ungewiss, was sie erwarten würde. Mein Vater lag kraftlos in seinem Bett, doch er bestand darauf, mitzukommen.

Mit zitternder Hand unterschrieb er eine Erklärung, dass er die volle Verantwortung übernahm für seinen Ausflug. Dann wurde er vom Dauer-EKG abgestöpselt. Meine Schwester half ihm, seinen guten Anzug anzuziehen, die Krawatte zu binden, organisierte einen Rollstuhl.
Als wir gerade die Suppe gegessen hatten, öffnete sich die Tür zum Saal. Es wurde still. Ganz still. Langsam schob meine Schwester meinen Vater herein, der ganz klein und blass und kraftlos in seinem Rollstuhl saß, die Augen weit geöffnet, erwartungsvoll wie ein Kind, das endlich in die Weihnachtsstube darf. Langsam stemmte er sich aus dem Rollstuhl hoch. Er wollte gehen, unbedingt, das hatte er sich vorgenommen. Unsicher machte er drei Schritte in den Raum hinein und blieb stehen. Alle waren unsagbar erschüttert. Alle kämpften mit den Tränen, bemühten sich vergeblich, die Rührung niederzukämpfen, als sie ihn sahen, der so viel durchgemacht hatte, der schon für immer verloren schien, der es mit letzter Kraft hierher geschafft hatte, mit schier unglaublicher Willenskraft. Nicht zu beschreiben, der ganze Raum ein Seufzen, jeder am Rande der Beherrschung.
In dem Moment, als ich zu schluchzen begann, als alle zu schluchzen begannen, wandte sich meine Mutter zu mir, mit schwimmenden Augen. »Schnell, zum Klavier, spiel ›Lobe den Herrn‹.« Sofort stand ich auf, lief zum Klavier, fing an zu spielen, sang mit dünner, brechender Stimme die erste Zeile: »Lobe den Herren, den mächtigen König der Ehren.« Sämtliche Anwesenden fielen mit ein, erst stimmlos wie ich, dann immer lauter, immer fester. Ich sah zu meinem Vater hinüber, der lautlos die Lippen bewegte, unhörbar die vertrauten Worte mitsang. Bei der letzten Strophe schmetterten

wir den Text geradezu heraus, die Stimmen leuchteten und strahlten, wir waren im Chor vereint zum Gotteslob, zum Dank, dass er hier sein durfte, mein Vater.
Ich kann mich nicht an diese Momente erinnern, ohne zu weinen. Und jedes Mal liebe ich meine Mutter wieder für ihre Geistesgegenwart, mit der sie eine so heikle Situation rettete, die völlig zu entgleisen schien, weil niemand meinen Vater freudig lächelnd begrüßen konnte, wie er es doch erwartet haben musste, zu übermächtig waren der Schreck, die Freude, das Mitleid, die Erleichterung gewesen, alles überwältigend gleichzeitig. »Denn sie sollen getröstet werden«, dieses Bibelwort hängt immer noch gerahmt im verwaisten Arbeitszimmer meines Vaters. Ich habe es Hunderte Male gelesen, erst an jenem fünfundsiebzigsten Geburtstag meiner Mutter habe ich es richtig verstanden.
Später saß mein Vater am Tisch, alle setzten sich abwechselnd zu ihm, und jedes Mal sagte er lächelnd: »Ich bin wieder da . . .«, ohne die leiseste Bitterkeit, nur mit dankbarem Staunen über das, was wie eine Auferstehung wirken musste. Jeder wandte sich ihm zu, sagte ein gutes Wort, er war der Mittelpunkt der Feier. Das war keine Liebespflicht, sondern geradezu Liebesdrang, ein unendliches Wohlwollen, wir hätten ihn am liebsten alle gleichzeitig umarmt. Liebe, so groß, dass man kaum atmen konnte. Mein Sohn war dabei, damals fünf Jahre alt. Ich wünschte mir, dass die Erinnerung daran ihm bleibt.

Trost

»Tod, wo ist dein Stachel?« Mit Bibelworten bin ich aufgewachsen, mit Chorälen, Motetten, mit Psalmen und Losungen. Es waren Texte, in die ich jede Gemütsbewegung hineingeben konnte, vom jubelnden Glück des »Geh aus, mein Herz, und suche Freud« bis zum tieftraurigen »Wenn ich einmal soll scheiden«. Wortgewaltig bestürmten diese Sprachbilder meine junge Seele, ich sah sie vor mir, die meterdicken Mauern im Lied »Ein feste Burg ist unser Gott«, die gleißende Strahlkraft des »Gott der Herr ist Sonn' und Schild«.

Vielleicht ist es nur nachträgliche Auslegung, aber ich meine schon als Kind geahnt zu haben, dass ich die Bedeutung solcher Zeilen viel, viel später noch in mir tragen würde, dann, wenn ich sie brauchen würde. Unvergesslich das »Herr bleibe bei uns, denn es will Abend werden«, unzählige Male gesungen, zu Hause am Abendbrottisch, abends im Auto, wenn wir Kinder fast schon einschliefen, später im Zeltlager in der taufeuchten Dämmerung. Die verhaltene Bangigkeit des »Denn es will Abend werden« hat mich immer berührt, und schon als Kind, unverletzt noch, wusste ich, dass Tage kommen würden, an denen Trost kaum noch denkbar sein und nur noch aus solchen Zeilen sprechen würde.

Von meinen Eltern erfuhr ich, dass sie, wie viele Gläubige, in höchster Not eine letzte Zuflucht, ein letztes Heilmittel hatten: Sie schlugen die Bibel an einer beliebigen Stelle auf und begannen zu lesen. Als Kind fand ich das völlig plausibel, denn war es nicht der liebe Gott selber, der einem in solchen Notfällen die Hand führen musste, um der wunden Seele die richtige, die rettende Textstelle zu überreichen? Als ich älter wurde, hielt ich diese Praktik für einen kuriosen Pakt mit dem Zufall. Erst viel später, als ich selbst einmal in tiefster Verzweiflung war, erinnerte ich mich an diese Art der Bibellektüre. Ich suchte meine alte schwarze Konfirmandenbibel aus dem Bücherregal hervor und schlug sie irgendwo auf.

Das Wunder geschah: »Der Herr ist mein Hirte, mir wird nichts mangeln.« Psalm 23, Vers 1, ein tief vertrauter Text, den ich oft im Kirchenchor gesungen hatte. Skeptiker mögen einwenden, dass an dieser Stelle der Bibel bereits ein gefalzter Knick gewesen war, der die Seiten wie von selbst auseinandergebogen hatte. Ich bin kein Skeptiker, ich glaube. Aufgewühlt las ich die Worte, bewegt, von guten Mächten beschützt. »Ob ich schon wanderte im finsteren Tal, fürchte ich kein Unglück, denn du bist bei mir. Du bereitest mir einen Tisch im Angesicht meiner Feinde.« Es waren ja nicht nur die Worte, es war das, was ich damit verband. Solche Texte waren das Vademekum meiner Kindheit, getränkt mit dem Urvertrauen eines frühen Glaubens, der unerschütterlich war. Unerschütterlich auch deshalb, weil ich erlebt hatte, wie viel Kraft daraus auf meine Eltern überging, wie sie in Augenblicken größten Schmerzes ihre Fassung wiederfanden, Halt fanden und Haltung bewahrten.

Mein Vater entdeckte seine Mutter eines Morgens in ihrer Wohnung tot im Bett. Als er nach Hause zurückkehrte und stockend erzählte, was passiert war, bleich, verstört, sah ich ihn zum ersten Mal in meinem Leben zusammenbrechen. Er, der Starke, stürzte in die Arme meiner Mutter und begann zu schluchzen. Sprachlos stand ich daneben, unfähig, Trauer zu empfinden, weil das Bild des schwachen Vaters so viel stärker war als die Nachricht vom Tode meiner Großmutter. Einige Tage später, bei der Trauerfeier, trat er neben den blumengeschmückten offenen Sarg seiner Mutter. Im Talar. Er selbst, der Sohn, wollte seine Mutter beerdigen. Ein Stöhnen ging durch den überfüllten Raum. Was ihm diese letzte Liebespflicht abverlangt haben mochte, war kaum vorstellbar. Heute denke ich: Er hat sich diese Pflicht nicht auferlegt, es war ihm wahrhaft ein Liebesdienst, seiner Mutter und seinem Gott gegenüber. Die Stimme war vielleicht nicht so fest wie sonst, aber unbeirrbar sprach er die Gebete, hielt die Trauerrede, sang die Choräle, aufrecht im Leiden, getröstet von einem Glauben, der stärker war als die Trauer. Nichts mehr von dem untröstlichen Schluchzen ein paar Tage zuvor. Wenn ich heute höre, wie manche von »leeren Ritualen« sprechen, wenn es um Gebete, um Gottesdienste geht, so kann ich damit nichts anfangen. Für mich waren und sind Gebete keine hohlen Formen, sind die Riten keine gedankenlos verrichteten Gewohnheiten, denn sie sind erfüllt mit Leben. Und damals sah ich ja allsonntaglich, wie sich mein Vater veränderte, wenn er den Talar anzog und »amtlich« wurde. Mir entgingen zwar nicht die theaterhaften Aspekte, ich fand es irgendwie komisch, dass hinter dem Altar, unsichtbar für die Kirchgänger, ein kleiner Spiegel hing, vor dem mein Vater sich das Bäffchen richtete, um anschließend, wie ein Schauspieler die Bühne, den Altarraum zu betreten. Noch komischer empfand ich den Rückspiegel an der Orgel, oben auf der Empore, in dem Herr Göckelmann, unser Organist, meinem Vater unten bei der Liturgie zusah, um im richtigen Moment den Part der Gemeinde zu begleiten. Und ich amüsierte mich, wenn der Organist mit den Füßen über die Pedale huschte – »Mama!«, rief ich, »Herr Göckelmann tanzt Twist auf der Orgel!« Doch das änderte nichts an der Aura dessen, was dann folgte. Mein Vater hat mich getauft, konfirmiert und getraut. Das alles im Angesicht des auferstandenen Christus, der mild lächelnd vom Altargemälde aus grüßte, ein schöner, sanfter Christus, kein Schmerzensmann. Sicher, es gab auch ein Kruzifix, die Dornenkrone, die Wundmale, doch die sanften Farben und das Lächeln des überlebensgroßen Christus dominierten den Kirchenraum – und damit der Sieg über das Leiden und den Schmerz. Mein Vater hat in vielen Predigten über dieses Gemälde gesprochen, das von einem begabten Bäckergesellen aus Osnabrück stammt, der im 19. Jahrhundert sein Glück als Maler machte. Mein Vater mochte das Bild, weil es die Überwindung des Leidens zeigte. Noch heute habe ich die verklärten, gelassenen, fast heiteren Züge dieses Christus vor Augen. Und heute verstehe ich meinen Vater noch besser, dass er dieses Bild für so wichtig hielt. Es war das Symbol seines Glaubens: Hoffnung, Trost, Vertrauen auf Rettung.

Gottvertrauen

Tief eingesunken in sein Kissen liegt mein Vater in seinem Zimmer im Heim. Schläft er? Auf Zehenspitzen gehen wir zu ihm. Doch, er hat uns kommen sehen, auch mit halb geschlossenen Augen. Lange schon fragt er nicht mehr nach Datum und Uhrzeit, wie zu Beginn seiner Krankheit viele Male am Tag. Er befindet sich in einem anderen Zeituniversum, es

gibt keine Chronologie mehr, alles kann Gegenwart werden, alles ist Gegenwart, vor allem das längst Vergangene, während die reale Gegenwart des Hier und Jetzt vor seinen Augen schwindet und seinem Geist kaum noch zugänglich ist.
Immer ungewisser ist, was er denkt, fühlt. Aber er leidet, auch wenn er keine Schmerzen hat, wie er versichert. Heftig verlangt er nach seinem Anzug, er möchte gehen, er fühlt sich bedroht von Männern in dunklen Mänteln, die es nur in seiner Vorstellungswelt gibt. Plötzlich wird mir klar, dass das größte Leid für ihn wäre, in eine solche Verwirrung zu geraten, dass er von seinem Glauben getrennt wird. Von seinem Gott. Das wäre für ihn das größte Unglück, ungetröstet durch diese Unwirklichkeit zu gehen.
Wie tief versunken er in seinen Glauben immer war, spirituell versunken, das wird mir bewusst, als ich in den Texten stöbere, die mein Vater im Laufe seines Lebens geschrieben hat. Selten kam er dazu, zu viel war zu tun, und die Lese- und Schreibschwäche, die er von seiner Verwundung zurückbehalten hatte, machte das Schreiben zu einer großen Anstrengung. Während seiner Krankheiten aber hat mein Vater die Gelegenheit ungewohnter Untätigkeit genutzt, und er begann aufzuschreiben, was ihn bewegte. Auch einige Gedichte sind dabei. Eines heißt »Kraft«, ein paradoxer Titel auf den ersten Blick, denn es ist das späte Eingeständnis einer Schwäche, die er sich – und offenbar auch anderen – lange Zeit nicht zugestanden hatte: »Nein, ich will es nicht mehr glauben / denn es ist ein trüg'risch Bild, / dass am Ende nur die Starken taugen / und der Schwache nichts mehr gilt. / Jetzt will ich es nicht mehr sagen, / dass nur der Gesunde zählt, / der sein Leben rücksichtslos kann wagen / und dem sichtbar gar

nichts fehlt. / Seit ich krank und elend werden musste, / hat sich mir die Einsicht aufgetan, / die ich vorher gar nicht wusste: / Leidend nehm' ich Kraft und Hilfe an. / Als Geschwächter lern' ich endlich warten / auf die Hand, die meinen Körper hält, / und ich lerne hoffen auf den Starken, / der mir seine Kraft bereitgestellt.«

Mein Vater hat zu leiden gelernt, das ist keine Floskel, das ist unüberhörbar in diesen Gedichtzeilen. Es ist nicht jenes vaterländische »Leiden ohne zu klagen«, das in Sprüchen befohlen wurde wie in jenem, den sich kaisertreue Untertanen einst gerahmt an die Wand hängten: »Wenn dich Gott verlässt, dein Hort, und du fast schon willst verzagen, denk an Kaiser Friedrichs Wort: Lerne leiden ohne zu klagen.« Solch eine Beschwörung klaglosen Leidens sollte Landeskinder zu Kanonenfutter ertüchtigen, sie zu todesmutigen Kämpfern machen, die ihre Untertanenpflicht verrichten. Von Gott verlassen, ganz in der Logik des Spruchs. Das Leiden meines Vaters nimmt eine ganz andere Richtung: Demut, Dank, die Einsicht, Hilfe annehmen zu müssen. Mit Gottvertrauen.

Ja es klingt pathetisch, doch so sehe ich meinen Vater: groß im Leiden, weil er glaubt; groß im Leiden, weil er weiß, wie klein er ist. Und immer wieder erlebte ich, wie er sich selbst aus ausweglosen Situationen rettete, dass er unerklärlich stark wurde, obwohl sein Körper längst zu schwach schien, um jemals wieder auf die Beine zu kommen.

Ich weiß, neuere Studien beschäftigen sich mit dem Zusammenhang von Glauben und Gesundheit. In den USA wurde eine Forschungsarbeit veröffentlicht, die belegt, dass Menschen, die einen starken Glauben haben, seltener erkranken und schneller gesund werden. Wissenschaftlich wurde das

Phänomen in den Bereich der Autosuggestion gestellt, die bekanntlich nachweisbare physiologische Auswirkungen hat. Und die Erklärung ist einleuchtend: Die Imaginationswelten von Gläubigen sind von Hoffnungen bestimmt, vom Vertrauen darauf, dass für sie gesorgt werde – spirituelle Selbstheilung.

Für mich klingt das unangenehm berechnend, wie ein therapeutisches Plädoyer für den Glauben, weil man sich schließlich einen direkten Nutzen davon versprechen kann. Als sei das eine weitere Option neben autogenem Training, Biofeedback oder zenbuddhistischer Meditation, darauf angelegt, das Leben zu verbessern. Eine kostenlose Therapie, frei Haus. So hätte es mein Vater nie gesehen. Nicht so selbstbezogen.

Nachdem er im Krieg auf abenteuerliche Weise aus dem Schützengraben gerettet worden war, lag er lange bewusstlos in einem Dresdner Lazarett. Als er erwachte, war er völlig orientierungslos und hatte keinerlei Erinnerung daran, wer er war, wo er war, was passiert war. Man hatte ihm noch auf dem Verbandsplatz einen Granatsplitter aus dem Kleinhirn entfernt, eine waghalsige Operation unter den unzureichenden Bedingungen. Sein Bettnachbar berichtete ihm das Wenige, was er wusste. Später erzählte mein Vater uns Kindern oft von diesem Moment, als er alles erfuhr und in dem er nur einen einzigen Gedanken gehabt habe: »Was hat Gott noch mit mir vor, dass er mich gerettet hat?«

Er sah nicht nur das Glück, überlebt zu haben, er dachte sofort darüber nach, was es zu bedeuten habe. Seine Schlussfolgerung war kein euphorisches »Hurra, wir leben noch!«. Seine Schlussfolgerung war, dass Gott ihn zum Dienen ausersehen hatte. Fortan sah er sich buchstäblich als Gottes-

diener, dazu bestimmt, anderen und damit Gott zu dienen, ganz nach dem Christuswort: »Was du dem Geringsten unter euch tust, das hast du mir getan.« Und sei dieser »Geringste« auch ein durchreisender Bettler, für den man Kaffee kocht.
Unter den Gedichten meines Vaters finde ich eines, das ein frühes Lebensresümee ist, er schrieb es lange, sehr lange bevor seine letzte Krankheit begann. Darin heißt es: »Was habe ich in dieser Zeit empfangen? / Hab ich meine Ernte eingebracht? / Manchen Schritt bin ich umsonst gegangen, / und ich wurde heimlich ausgelacht. / Doch den Dank kann ich nicht zählend messen, / wo man mir war freundlich zugetan. / In der Runde hab ich gern gesessen, / wenn ich segnend in die Häuser kam. / So will ich die Menschen weiter segnen, / wenn wir uns kurz in die Augen sehn, / bis zum Schluss dem Meister wir begegnen, / dann woll'n wir für immer heimwärts gehn.« Er gab Rechenschaft ab über das noch einmal geschenkte Leben, er fragte sich: Habe ich dieses Geschenk auch genügend wertgeschätzt? Habe ich es – rückblickend – verdient?
Und dann fällt mir ein Text in die Hände, der mich völlig aus der Fassung bringt. Das da, das hat mein Vater geschrieben? Es ist ein Text aus den achtziger Jahren, damals hatte er schon einmal einen schweren Herzinfarkt gehabt, zwei Wochen lang im Koma gelegen. Nach zehn Tagen hatte die Ärztin meiner Mutter absichtsvoll bedeutet, man könne nicht wissen, in welchem Zustand mein Vater wieder erwachen würde, wenn er denn überhaupt jemals wieder zu sich käme. Dann hatte die Ärztin zu der Herz-Lungen-Maschine hinübergesehen, ebenfalls absichtsvoll, und sie hatte ganz offensichtlich einen Gedanken gehabt, den sie nicht

aussprach: Ein Klick am Schalter, und die Sache hat ein Ende, bevor man sich darauf einlässt, dass dieser Patient möglicherweise geistig gestört erwacht. Sie und meine Mutter wussten: Das Gehirn meines Vaters war lange ohne Sauerstoff gewesen, eine Schädigung war nicht nur möglich, sondern wahrscheinlich. Meine Mutter überging diese zweifelhafte Avance und harrte unbeirrt am Bett meines Vaters aus, auch wenn er kaum Reaktionen zeigte.
Ich erinnere mich an die damaligen Tage, ein-, zweimal war ich aus Hamburg angereist, wo ich studierte. Details weiß ich nicht mehr, Einzelheiten darüber, wie mein Vater damals mit seinem Leiden umging. Und nun dieser unglaubliche Text. Lakonisch, genau, unaufgeregt. Wenn ich in letzter Zeit habe wissen wollen, was mein Vater in seiner Schwäche fühlt, in seiner Krankheit, hier steht es schwarz auf weiß. Das Gedächtnisprotokoll von damals, teilweise noch im Krankenhaus geschrieben, gilt sicherlich noch heute. Die Trennung von sich selbst als denkendem, handelndem Menschen, die Ohnmacht, die gläserne Wand, die ihn von der Familie trennt. Es ist der Blick in die Erlebniswelt eines Mannes, der an der Grenze lebt, so wie jetzt.

Im Krankenhaus auf der Intensivstation.

Ich werde wach und liege in einem Bett in fremder Umgebung.
Durch einen Schlauch tropft eine Flüssigkeit in meinen Arm.
Elektrische Drähte sind an meiner Brust festgemacht.
Ich begreife nicht, was das alles bedeuten soll.
Menschen stehen und laufen um mich her.
Alle tragen weiße Kleidung. Warum?

Jemand sagt mir, was ich tun darf und was nicht,
was ich tun muss und was ich über mich ergehen lassen kann.
Ich bin müde und will schlafen. Ich darf schlafen.
Das ist mir recht.

Ich werde wieder einmal wach.
Nun will ich wissen, warum ich hier bin.
Mir wird gesagt, ich bin krank, sehr krank.
Doch es steht gut um mich.
Ich soll mir keine Sorgen machen.
Alles wird getan, was nötig ist, was möglich ist.
Ich darf schlafen. Ich kann schlafen.
Wie gut das ist!

Ich liege bereits eine Weile wach und will nachdenken.
Was ist mit mir geschehen? Ich begreife es nicht.
Die Ärztin kommt.
Von ihr möchte ich wissen, was geschehen ist.
Sie erklärt mir meine Krankheit.
Sie sagt mir, was ich tun muss, damit ich wieder gesund werde.
Aber das ist nicht viel: Ich soll ruhig bleiben.
Ich kann mir selbst nicht helfen.
Ich bin auf fremde Hilfe angewiesen –
für Wochen, für immer?

Ich habe Schmerzen, die mich quälen,
in der Brust, innen, und am Kopf, außen.
Ich sage es der Schwester.
Sie meint, es ist nicht so schlimm.
Sie gibt mir Tropfen, die ich trinke,

damit ich meine Schmerzen ertragen kann.
Nach einer Weile empfinde ich sie nicht mehr so heftig.
Später sind sie wieder da.
Ich muss damit leben, muss sie aushalten.
Erst leide ich noch darunter.
Dann habe ich mich daran gewöhnt.
Doch sie belasten mich und machen mich unzufrieden.
Wie lange kann ich sie ertragen?
Wie lange muss ich sie aushalten?

So langsam begreife ich, was um mich vorgeht.
Ich bekomme Wasser gereicht zum Trinken.
Das Essen wird mir in den Mund gegeben.
Die Urinflasche wird mir angelegt
und das Becken untergeschoben.
Ich will die Urinflasche selbst absetzen.
Sie fällt zu Boden und fließt aus.
Die Schwester meint, das macht nichts,
wenn ich so ungeschickt bin.
Sie bleibt ganz freundlich und schimpft nicht.
Eine große Veränderung ist mit mir geschehen.
Ich bin abhängig von den Menschen, die bei mir sind.
Ich bin ganz und gar auf sie angewiesen.
Die meiste Zeit ist darum eine Schwester bei mir im Zimmer,
oder ein Pfleger oder auch sonst jemand.
Sie achten auf jede meiner Bewegungen
und helfen mir, bevor ich sie darum bitten kann.
Diese Aufmerksamkeit ist mir nicht lästig,
sondern sie tut wohl.
Ich fühle mich geborgen und bin dankbar dafür.

Mit geschlossenen Augen sehe ich vieles, erlebe viel.
Und begegne vielen Menschen.
Mir kommen gute Gedanken.
Schlage ich dann die Augen auf,
so bin ich allein und schwach.
Die Bilder sind weg.
Die Menschen sind fort.
Ich bitte um Papier und einen Stift.
Ich will mir aufschreiben,
was mir einfällt und was ich erlebe,
wenn ich die Augen geschlossen habe.
Aber ich kann nicht richtig schreiben.
Ich male lauter Potthaken.
Ich gebe mir Mühe und will besser schreiben.
Doch es ist vergeblich.
Die Bilder huschen vorbei. Ich kann sie nicht festhalten.
Ich bringe das nicht zusammen,
was ich mit geschlossenen Augen sehe und mit offenen.
Das verwirrt mich.

Ich habe Besuch.
Die Familie ist da.
Sie stehen bei mir in weißen Kitteln.
Warum sind sie gekommen? Sie haben doch alle ihre Arbeit.
Darum frage ich, was sie vorhaben, was sie tun müssen.
Aber ich begreife nicht ganz, was sie sagen.
Ich merke nur, sie meinen es gut mit mir.
Nur sind sie so weit weg von mir,
obwohl sie dicht neben meinem Bett stehen
hinter den Brettern, die mein Bett einengen.

Ich kann ihre Hand fühlen, doch der Abstand zu ihnen ist groß.
Das begreife ich nicht.
Ich bin müde und mache die Augen zu.
Etwas später mache ich sie wieder auf.
Die Familie ist immer noch da oder wiedergekommen.
Sie fragen mich nach irgendetwas, ich antworte auch.
Doch ich begreife nicht, was sie fragen und was ich sage.
Schließlich schweige ich, mache die Augen wieder zu.
Die Familie ist ja beisammen.
Das beruhigt mich.

Ein Geistlicher kommt zu mir.
Er trägt auch einen weißen Kittel – wie alle.
Er fragt mich, wie es mir geht.
Was soll ich darauf antworten? Gut oder schlecht?
Ich weiß es selbst nicht.
Er sagt, er will mir zur Seite stehen in meiner Krankheit.
Auch er will mir helfen, doch nicht mit Medizin,
sondern mit einem guten Wort, einem Wort von Gott.
Er meint, Gott wird mir helfen in meiner Not.
Darum betet er mit mir.
Ich bin dazu nicht fähig.
Dann segnet er mich und legt mir dazu die Hand auf den Kopf.
Ich fühle mich gestärkt,
als hätte ich eine Spritze bekommen.
Ich staune, wie so etwas möglich ist.
Ich soll wieder gesund werden – und heil.
Wie gut, dass ich das glauben kann.

Ich kann entlassen werden.
Der Arzt meint, das Herz kann wieder belastet werden.
In einer besonderen Klinik soll man feststellen,
wie groß der Schaden ist, der bleibt.
Danach wird man mir sagen,
welche Belastungen mir noch zuträglich sind.
Ich soll mich nicht bange machen lassen,
sondern tapfer wieder etwas wagen,
so meint der Arzt.
Er macht mir Mut zu einem neuen Anfang.
Ich möchte ein Gotteslob singen, ein Te Deum laudamus.
Doch singen kann ich nicht,
weil Hals und Brust noch nicht wieder in Ordnung sind.
So bete ich ein Lied zum Lob Gottes und bin dankbar.
Ich danke meinem Gott, der mir das Leben neu geschenkt hat.
Und dann sage ich allen Dank,
die mich während meiner Krankheit eine Weile begleitet haben.

Auch jetzt noch fragt mein Vater manchmal nach einem Stift. Meine Schwester erzählte, dass sie ihm vor kurzem auf sein Bitten hin einen Kugelschreiber in die Hand gedrückt habe. Doch es ging nicht mehr, genauso wenig wie damals. Er hatte etwas auf sein Krankenhemd gekritzelt, in der Annahme, das sei ein Stück weißes Papier, während der gereichte Block längst unter die Bettdecke gerutscht war. Er gab auf. Was wollte er aufschreiben? Welche unsagbaren, unaussprechlichen Dinge wollte er notieren? Welche Worte wollte die Hand festhalten, die der Mund nicht mehr formen kann? Beten wollen, singen wollen und beides nicht können, das ist damals nach dem Herzinfarkt schlimmer für ihn gewesen als alle Hilflosigkeit, als Schmerzen, Urinflaschen, Drähte. Und ich denke immer häufiger darüber nach, was wir ihm hätten geben können, damals, was wir ihm heute geben können, mehr, Besseres, um die Isolation der Krankheit zu überwinden. »Die Familie ist ja beisammen. Das beruhigt mich.« Das ist ein Imperativ. Da sein, möglichst alle. Den Kokon schließen. Zyklisches Denken. Das ist vermutlich meine höchste Liebespflicht: Da sein und meine Familie mitbringen, so oft wie möglich. Und mit meinem Vater singen und beten, auch wenn mir das zugegebenermaßen nicht leicht fällt, weil ich schon viel von der unbedarften Selbstverständlichkeit verloren habe, mit der auch ich einst sang und betete, nicht allein, sondern mit anderen.

Wenn ich dem inneren Monolog meines Vaters aus den achtziger Jahren zuhöre, über Jahre hinweg noch gültig, dann weiß ich: Die medizinische Versorgung ist zwar die Basis, wir müssen dafür sorgen, dass die Pflegebedingungen menschenwürdig, dass die Therapien angemessen sind. Doch zum ersten Mal verstehe ich es: Nichts ist gerechtfertigt, keine Anstrengung, kein Opfer, keine noch so vernünftige Lösung, wenn wir dabei die leidende Seele übersehen, der allzu leicht Gewalt angetan wird durch pragmatische Fürsorge. Und wenn wir uns selbst übersehen, als erwachsene Kinder, die auf sich Acht geben müssen, um nicht vor lauter Überforderung ungeduldig, aggressiv, unpersönlich zu werden. Es geht offenbar darum, dass wir den Menschen erkennen, der da liegt, auch wenn er teilnahmslos wirkt, ein bloßer Versorgungsfall.

Doch stattdessen parodieren wir mittlerweile unwissentlich jene Politiker, die alles »auf der Sachebene« lösen wollen, weil das große Ganze zu anstrengend ist. Wir debattieren über Treppenlifte und »Essen auf Rädern« und blenden alles andere lieber aus. Anschließend wundern oder ärgern wir uns, wenn unsere alten Eltern das nicht akzeptieren, wenn sie sogar verletzt sind, weil wir uns Gedanken für sie machen, über sie hinweg. Doch das ist nicht nur Verdrängung oder Trotz. Sie spüren es schon, die von ihrer Schwäche gedemütigten Eltern, dass wir uns am liebsten in Aktionismus retten, auf die »Sachebene«, wo wir gefahrlos für unser eigenes Seelenheil das andere Leben organisieren, managen, verwalten können. Nur nicht an letzte Dinge rühren. Wir fragen lieber nach Magenschmerzen als nach Panikgefühlen und Depressionen. Wir lassen lieber einen Arzt kommen, als stundenlange Gespräche durchzustehen, vor denen wir uns fürchten, oft vermutlich nicht grundlos. Und wir halten unsere Kinder fern, statt sie mit Respekt an einen Menschen heranzuführen, der ein Teil ihrer Geschichte ist. Nach der Lektüre der Krankenhaustexte meines Vaters ahne ich: Ich kann ihm letzte tröstliche Gedanken an Familie, an Kontinuität, an ein Weiterleben schenken, wenn er sein Enkelkind sieht.

Für meinen Vater gilt: Das große Ganze ist sein Glaube, ist seine Familie. Für andere alte Eltern sind es andere Dinge, die sie ausmachen und die wir wahrnehmen, beantworten müssen. Schon etwas deutlicher kristallisiert sich der Gedanke heraus: Wer als Kind seine Liebespflicht annehmen möchte, muss sich nicht überfordern, muss nicht das Übertriebene, das Überzogene, das Unmögliche tun, um es gar am Ende seinen Eltern wieder zum Vorwurf zu machen. Er sollte besser herausfinden, wer seine Eltern sind, worin sie ihre Würde, ihre Überlebensstrategie, ihren Halt finden. Wissen wir das alle?

8

Bis dass der Tod euch scheidet

Wenn alte Eltern sterben

Viele alte Menschen sehnen sich nach dem Tod. Es ist nicht die Sehnsucht nach dem Sterben. Der Tod ist eine Tatsache, die Art und Weise aber, wie wir die letzten Wochen, Tage, Stunden vor dem Ende erleben werden, bleibt ein Rätsel – bis zuletzt. Ein Rätsel, das ängstigt. Wir kapitulieren irgendwann vor dem Tod, fürchten uns aber zu Recht davor, die Entscheidungshoheit über das Sterben zu verlieren.

Und selbst dann, wenn der Lebenswille gebrochen ist, bleibt ein Schmerz, für dessen Ursache der Philosoph Odo Marquardt das Wort von der »Vollendungsillusion« prägte. Die Vorstellung, »unsere Zeit sei die Zeit für Vollendung von Werken, für die Vollendung unseres Lebens«, sei eine Illusion, so Marquardt: »Denn wir sind alsbald ohne Rücksicht auf Vollendungen am Ende.« Das leicht sarkastische Wortspiel spiegelt eine Kränkung wider, was unsere Sehnsucht nach später Sinnerfüllung betrifft. Die Todesnähe spürend, fragt sich der alte Mensch: »Zeigt uns die Art und Weise, wie wir sterben, etwas darüber, wie wir gelebt haben?« Und in Bezug auf die Familie heißt das: »Werden sie bei mir sein, so, wie ich bei ihnen

war? Werden sie weit weg sein, so wie ich weit weg war? Werden sie sich abwenden, obwohl ich ihnen nah war?«
Viele Gespräche habe ich mittlerweile geführt, meist Gespräche mit Freunden und Bekannten in meinem Alter. Ich suchte nach dem Königsweg, nach Geschichten, in denen der Tod für alle aushaltbar war, mehr noch: ein »vollendetes Erlebnis«. Es ging mir um die Möglichkeit gelingenden Lebens vor der letzten Grenze. Gibt es das?

Endstation Familie

Als Bernd Zimmer erfährt, was für ein Buch ich schreibe, zieht er mich unvermittelt beiseite. Wir sind uns auf einer Party begegnet, ich kenne ihn nur flüchtig, er hat locker dahingefragt, was ich so mache. Obwohl ich längst eingesehen habe, dass mein Thema denkbar ungeeignet ist für das Spaßparkett zwischen Prosecco und Fingerfood, inmitten von Leuten, die mit Weingläsern in der Hand herumstehen und verbale Urlaubsandenken herumreichen, habe ich kurz das Thema genannt. Und mich bereits innerlich darauf eingestellt, dass er sich hastig verabschieden oder zumindest das Gespräch auf ein entschieden heitereres Terrain ziehen wird.
Diesmal ist es anders. Er deutet auf zwei Sessel in einer Ecke, wir setzen uns. Was hat er vor? »Ich habe das alles gerade hinter mir«, sagt er übergangslos. »Nein, wir haben es hinter uns.« Er dreht das Weinglas in seinen Händen. »Zwei Jahre lang haben wir meine Eltern gepflegt, in unserem Haus. Vor einem Vierteljahr starb mein Vater, vor einem Monat meine Mutter.« Seine Stimme klingt heiser, er macht eine lange

Pause. Ich sehe ihn betreten an. Was wird jetzt kommen? Dass es schrecklich gewesen ist? Ein Opfer? Dass er nun erleichtert ist, weil endlich alles vorbei ist? Nichts davon. »Es war die wichtigste Zeit unseres Lebens«, flüstert er. »Wir alle sind, entschuldigen Sie das Wort, ich weiß, dass es sich pathetisch anhört, aber wir alle sind reifer geworden.«
Ich bin sprachlos. Reifer? Dann beginnt er zu erzählen, von der doppelten Hiobsbotschaft: der Vater unheilbar an Krebs erkrankt, die Mutter an einem Hirntumor. Davon, wie sie die erste Etage des Einfamilienhauses in eine Krankenstation verwandelt haben, mit speziellen höhenverstellbaren Betten, mit einem ganzen Arsenal von Medikamenten. Wie sie einen Plan machten, der alle einbezog, ihn, seine Frau, seine drei Kinder, wie sie das Sterben begleiteten, den langen Abschied, klaglos, ohne Verbitterung.
»Meine Frau hatte natürlich die Hauptlast«, gibt er zu. »Sie hat am meisten verzichtet, auf Urlaub, auf ihre Freundinnen, auf Berufstätigkeit. Doch wir waren uns nie so nah wie jetzt.«
Offenbar sehe ich dermaßen überrascht, vielleicht sogar ungläubig aus, dass er fast grob wird. »Ich weiß, was Sie denken«, bricht es aus ihm heraus. »Dass ich meiner Frau zwei volle Jahre gestohlen habe, dass ich sie ausgenutzt habe. Da wären Sie nicht die Erste, die das sagt. Anerkennung haben wir nämlich keine bekommen. Unsere Freunde fanden das Ganze schlicht abwegig. Wir mussten uns Sätze anhören wie: ›Ihr habt wohl ein Helfersyndrom! Habt ihr nichts Besseres vor? Wie kann man sich nur so versklaven!‹ Vor allem die Freundinnen meiner Frau hätten Sie mal hören müssen: ›Denk an dich! Mach dich nicht kaputt! Denk an deine Ehe, an deine Kinder!‹«

Er ist laut geworden, ein paar andere Gäste sehen neugierig zu uns herüber, sofort senkt er die Stimme wieder. »Wieso versteht niemand, wie glücklich man sein kann, dass man das erleben darf? Den Eltern noch einmal alles zu geben. Sie nicht irgendwelchen Pflegern auszuliefern, Ärzten, die keine Zeit haben.« Er starrt vor sich hin, während ich eilig versichere, dass ich beeindruckt sei. »Haben Sie Kinder?«, fragt er mich. Ich nicke. »Einen Sohn.« Er legt den Kopf schräg. »Haben Sie sich mal überlegt, wie wunderbar es für Kinder ist, so etwas mitzumachen? Dass sie die Angst vor dem eigenen Tod verlieren, weil sie sehen, dass man nicht automatisch seine Würde verliert, wenn man im Sterben liegt? Dass es auch dann noch Menschen geben kann, die geduldig und ohne Scheu alles tun, was getan werden muss?«
Ja, vorstellen kann ich mir das. Theoretisch. Und doch spüre ich, dass ich dafür nicht die Kraft hätte. Ich habe ja nicht einmal die Kraft, meinen Sohn immer mitzunehmen, wenn ich meine Eltern besuche. Nach wie vor fahre ich meist allein. Ohne groß darüber nachzudenken, möchte ich ihn immer noch schützen. Aber wovor? Wäre es wirklich eine Zumutung für ihn, häufiger seine Großeltern zu sehen, in ihrer Schwäche, in ihrer Hinfälligkeit? Warum will ich ihm immerzu irgendetwas ersparen? Habe ich den Gedanken an den Tod gleich für ihn mit verdrängt, so, als gehöre er nicht zum Leben? Darf er noch immer nicht darüber nachdenken, dass ich sterben werde?
»Sehen Sie, jetzt werden Sie nachdenklich«, holt mich mein Gegenüber aus meinen Überlegungen zurück. »Manchmal fasse ich mir an den Kopf, dass die einfachsten Dinge so abgelehnt werden. Aber wenn man es nicht selbst erlebt hat,

kann man sich eben nicht vorstellen, wie viel man mitnimmt, wie viel man lernt. Wie man den Zusammenhalt der Familie spürt. Ich sehe das doch bei anderen: Jeder hat seine Termine, der eine geht zum Fußball, der andere zum Tennis, und wenn's hoch kommt, trifft man sich sonntags beim Frühstück. Sie glauben gar nicht, was für intensive Gespräche ich in dieser Zeit mit meinen Kindern hatte. Der Große macht gerade Abitur, die Jüngeren sind zwölf und vierzehn. Die hatten gar keine Lust mehr, sich über den üblichen Kleinkram den Kopf zu zerbrechen. Die waren voll dabei. Und sogar stolz, dass sie schon Verantwortung übernehmen konnten. Ein paar Mal bin ich sogar mit meiner Frau übers Wochenende verreist, da haben die den Laden zu Hause ganz allein geschmissen.«

Sterbedramaturgie

Dann fällt das Wort Sterbebegleitung. Geht das überhaupt zu Hause? Ich weiß inzwischen einiges über Palliativmedizin, über Hospize, über die hohe und schwierige Kunst, einen Menschen sanft sterben zu lassen. Meine Nichte hat lange in einem Hospiz gearbeitet, sogar ihre Diplomarbeit darüber geschrieben. Wie macht man das, den Tod begleiten, ohne die Logistik eines Krankenhauses? »Da müssen Sie meine Frau fragen. Sie hat sich Literatur besorgt, hat nächtelang darin herumgeblättert, manches hat sie mir auch vorgelesen.«
Er spricht von einem Modell, das Elisabeth Kübler-Ross entwickelt hat, die berühmte schweizerisch-amerikanische

Sterbeforscherin. Ein hilfreiches Modell, sagt er, sonst hätten sie vieles nicht ausgehalten. Weil sie es nicht verstanden hätten. Zum Beispiel die Anfangszeit, als sich die Eltern auflehnten, die Diagnosen der Ärzte nicht wahrhaben wollten, sich auf obskure Wunderheiler einließen, eine Weltreise planten, völlig unrealistisch in ihrem geschwächten Zustand.

»Normal«, sagt Bernd Zimmer. »Phase eins. Dann kam der Zorn, das Hadern mit einem ungerechten Schicksal, die Fragen: Warum ich? Warum wir? Was haben wir getan?« Er atmet hörbar aus. »Das waren die schlimmsten Wochen. Sie hatten schreckliche Wutausbrüche, obwohl sie nie cholerisch gewesen waren, sie schrien uns an, unsere Kinder, sie schrien sich gegenseitig an, es war furchtbar.«

Die ersten Gäste verabschieden sich, Bernd Zimmer nimmt es gar nicht wahr. Wir sind so weit weg von der Party wie eine Sonde, die den Mars fotografiert. »Es kamen die Depressionen, tiefste Hoffnungslosigkeit. Sie wollten weder essen noch trinken, sie wollten nur noch Beruhigungsmittel, Schlaftabletten. Wir lasen ihnen vor, stellten ihnen einen CD-Player ins Zimmer, ließen klassische Musik laufen, aber es interessierte sie nicht. Nichts interessierte sie. Absolute Trauer. Apathisch lagen sie da, als wären sie schon tot. Meine Frau ist fast wahnsinnig geworden, sie begann zu zweifeln, ob wir das schaffen. Auch die Kinder waren niedergeschlagen. Die beiden alten Leute wurden ihnen richtig unheimlich.«

Ich höre Bernd Zimmer zu, wie man einem Ethnologen zuhört, der von den Gepflogenheiten exotischer Kulturen berichtet. Ja, fast ist es eine Abenteuergeschichte. Und wir sind noch mittendrin, als die letzten Gäste gehen. Es ist spät geworden, wir stehen auf. Beim Abschied gibt er mir seine Telefonnummer. Für den Fall, dass ich noch etwas wissen möchte. Ich möchte noch sehr viel wissen. Alles.

Notbremse

Bisher habe ich mir immer nur Gedanken darüber gemacht, wie es sein würde, meine Eltern selbst zu pflegen. Wie es ist, mit ihnen den letzten Weg zu gehen, kann ich mir kaum vorstellen. »Es war schön«, sagte mir einmal eine Bekannte, die ihre Mutter bis in den Tod hinein zu Hause behalten hatte. »So friedlich. Obwohl ich ihr regelrecht sagen musste, dass sie gehen darf, dass sie sich nicht dagegen anstemmen muss. Sie dachte nämlich, sie dürfte mich und die Enkelkinder nicht allein lassen. So war sie. Als es ihr noch besser ging, hatte sie im Haushalt mitgeholfen, gekocht, gebügelt, den Kindern das Schulbrot gemacht. Deshalb fühlte sie sich bis zuletzt unentbehrlich. Erst als ich sagte, dass alles gut so ist, wie es ist, veränderte sie sich, wurde fast gelassen. Sie starb ganz ohne Kampf.« Die Liebespflicht der Eltern. Auch der alten Eltern, den Kindern gegenüber, bis zuletzt.
Was aber ist, wenn Eltern und Kinder im Clinch liegen, bis zuletzt? Ich muss Amelie anrufen, fährt es mir durch den Kopf, sie pflegt ja ihre Mutter zu Hause. »Ja, bitte?«, meldet sie sich hastig, als ich ihre Nummer gewählt habe. Sie ist hörbar unter Druck. Ich frage, wie es ihr geht, dann erzähle ich ihr kurz von Bernd Zimmer, vielleicht macht ihr solch eine Erfahrung ja Mut, hoffe ich. »Es gibt immer Erfolgsgeschich-

ten«, schneidet sie mir das Wort ab. »Und vor allem hinterher schönt man alles. Ich bin neuerdings in einem Chat mit Leuten, die über ihre alten Eltern schreiben. Das solltest du mal lesen, wie die loslegen. Eine schrieb, dass ihre Mutter – so wie meine – eine ganz schwierige Frau ist. Böse Worte, Klatsch und Tratsch sind an der Tagesordnung. Stell dir vor: Zehn Jahre hat diese Frau ihren Haustyrannen gepflegt, jetzt ist die Mutter neunzig, und die Tochter gibt sie ins Heim, damit sie dort stirbt. Die Frau kann nicht mehr. Sie ist jetzt sogar in Therapie. Also, erzähl mir bitte keine Märchengeschichten.«

Amelie hat sich schon ausrechnen lassen, ob sie sich ein Heim leisten kann. »Könnte klappen«, sagt sie. »Die Differenz zahlt eventuell die Sozialhilfe. Bei mir ist ja so gut wie nichts zu holen. Manchmal denke ich sogar: Sie wird es im Heim besser haben, für die Pfleger ist es ja ein Job, den sie tun müssen. Und meine Mutter hat keine Chance auf Terror, den werden sie ihr schon abgewöhnen. Vielleicht kann ich sogar wieder netter zu ihr sein, wenn ich nicht dauernd angestrengt und ärgerlich bin. Stell dir das bloß nicht als heile Welt vor, wenn die Eltern zu Hause gepflegt werden. Ich muss einstecken, aber ebenso meine Mutter. Wenn sie erst mal im Heim ist, habe nicht nur ich meine Ruhe, auch sie. Da kann sie in Ruhe sterben.«

Ja, denke ich, vielleicht können alte Eltern Hilfe besser von Fremden annehmen. Ohne Besitzansprüche, ohne dass es ihnen peinlich sein muss, Intimität zuzulassen, weil es nicht anders geht. Könnte ich meinen Eltern beim Waschen helfen, bei intimsten körperlichen Dingen? Würden sie das überhaupt wollen? Würde ich das von meinem Sohn annehmen

wollen? Ist nicht die Schamgrenze zwischen alten Eltern und erwachsenen Kindern viel größer, als wenn eine professionelle Kraft das übernimmt, gewohnt, Haut an Haut mit völlig Fremden zu arbeiten? Und ist vielleicht selbst die letzte Stunde leichter, sachlicher, unaufgeregter in Gegenwart eines Menschen, der nichts fragt, nichts fordert, der nicht trauert und nicht festhalten will?
»Es ist keine Schande, sich helfen zu lassen«, sagt Amelie in die Stille hinein, die entstanden ist. »Meine Mutter wird jedenfalls nicht an gebrochenem Herzen sterben, wenn sie im Heim ist.«

Endspiel

Zwei Wochen später besuche ich die Zimmers. Sie wohnen in einem Neubauviertel, weit von der Innenstadt entfernt, akkurat formieren sich Einfamilienhäuser zu einer Reihe, ein paar Kinder fahren Rad auf der fast leeren Straße. Es gibt Tee und Kekse. Beate Zimmer scheint sich zu freuen, dass jemand Interesse für das zeigt, was sie erlebt hat. »Als meine Schwiegereltern gestorben waren, sagten alle nur: ›Endlich, das war die Erlösung.‹ Sie meinten nicht für meine Schwiegereltern, sondern für uns. Seitdem ist der Fall für sie erledigt, wir gehören wieder zu den Normalos, das ist für sie das Wichtigste. So geht es halt zu.«
Frau Zimmer trägt Jeans, ein tomatenrotes Jackett, Kurzhaarfrisur, sie wirkt burschikos. Nein, wie eine selbstlose Florence Nightingale sieht sie nicht aus, auch nicht wie eine Frau, die sich auf eine schwere Aufgabe stürzte, weil sie ein

leeres Leben mit Sinn erfüllen musste. Sie spricht schnell und unsentimental, und, was mich am meisten frappiert, sie erzählt vieles mit einem ausgesprochenen Sinn für Humor.

»Am besten war die Geschichte mit der Pflegestufe«, lacht sie. »Meine Schwiegereltern waren ja beide nachweislich krank, konnten sich kaum auf den Beinen halten. Kurz nachdem wir sie aufgenommen hatten, kam jemand, der die Pflegestufe feststellen sollte. Das war ein hochwichtiger Tag, denn davon hing ab, wie viel die Kasse uns zahlen würde. Wir hatten den alten Herrschaften gesagt, dass ein Arzt kommen würde, um ihren Gesundheitszustand zu beurteilen. Als ich frühmorgens ihr Zimmer betrat, waren beide schon wach, mit roten Wangen vor Aufregung.«

Beate Zimmer reicht mir den Teller mit Keksen, tauscht einen lächelnden Blick mit ihrem Mann, als erzähle sie einen Witz, dessen Pointe er schon kennt. »Mein Schwiegervater bestand auf einem Anzug, meine Schwiegermutter auf einem dunkelblauen Kostüm. Gut, dachte ich, das ist wohl eine Frage der Würde. Gönn ihnen das Gefühl, dass sie noch wer sind, nicht nur Patienten im Schlafanzug. Als wir das Anziehen geschafft hatten, waren sie so erschöpft, dass sie sich sofort wieder hinlegen mussten. Zwei Stunden später kam der Gutachter vom Medizinischen Dienst. Der staunte nicht schlecht, als er ein elegant gekleidetes älteres Ehepaar antraf, das noch dazu ausgesprochen munter wirkte. Er holte eine Liste aus der Tasche und ...«

Jetzt übernimmt Bernd Zimmer. »Doch bevor er überhaupt den Mund aufmachen konnte, legte meine Mutter schon los. ›Eigentlich sind wir noch ganz gut beieinander‹, strahlte sie. ›Man tut, was man kann. Ich will doch meinem Sohn und meiner Schwiegertochter nicht zur Last fallen!‹ Wir fielen aus allen Wolken. Sie tat so, als sei sie nur ein ganz normaler Hausgast, fehlte nur noch, dass sie von ausgedehnten Spaziergängen berichtete. Dabei musste meine Frau beide waschen und füttern, meine Mutter war seit langem inkontinent, manchmal mussten wir zweimal täglich die Bettwäsche wechseln. Den ganzen Tag ging es nur treppauf, treppab, um sie zu versorgen. Und dann diese Luftnummer!«

Punkt für Punkt arbeitete der Gutachter seine Liste ab, offenbar mit zunehmendem Befremden. Hatte er nicht die Information, dass er zwei schwere Pflegefälle antreffen würde?

»Meine Schwiegermutter war unglaublich«, erzählt Beate Zimmer weiter. »Körperpflege? Das könne sie eigentlich allein, auch wenn sie sich gern helfen lasse. Inkontinenz? Nein, wo denken Sie hin, Herr Doktor, alles in Ordnung, ich bitte Sie. Essen? Kein Problem. So ging das immer weiter, und auch mein Schwiegervater tat alles, um seine Schwäche herunterzuspielen. Filmreif waren sie. Wenn es nicht so fatal gewesen wäre, ich hätte lachen können, wie diese beiden Alten einen guten Eindruck machen wollten.«

Das kommt mir sehr bekannt vor. Auch mein Vater hat zu Beginn seiner Alzheimererkrankung den Ärzten gegenüber immer betont, dass alles gar nicht so schlimm sei. Als sei seine Schwäche ein persönliches Versagen, das man besser verschweigt, als ginge es eigentlich nur darum, dass er sich besser zusammenreißen müsse. Möglich, dass mein Vater, ein gestandener Mann, den Arzt immer noch als Respektsperson betrachtete, und in seiner Generation zeigte man solchen Personen seine Achtung, indem man sich in – wenn auch gespielter – Bestform präsentierte.

Auch die Verteidigung der Würde war im Spiel, der letzte Kampf der Selbstbehauptung, das letzte Gefecht um Autarkie. Und ein wenig schwingt dabei die Haltung mit: Weil nicht sein kann, was nicht sein darf. Ein Leben lang durfte mein Vater nicht schwach sein, immer im Dienst, immer bereit, alles zu geben. Wie sollte er da plötzlich frohgemut eingestehen: »Ich kann so gut wie gar nichts mehr allein?«
Irgendwann unterbrach Beate Zimmer die Performance ihrer Schwiegereltern entnervt. »Ich korrigierte sie, schilderte in allen Details, welchen Pflegeaufwand sie benötigten. Natürlich sehr zum Missfallen der beiden. Sie protestierten: Nein, so schlimm sei es doch nun wirklich nicht, ich übertriebe. Es war absurd: Wir stritten uns fast in Anwesenheit des Gutachters, und für ihn musste es so wirken, dass ich alles dramatisierte, damit die Finanzen stimmen. Ich schlug schließlich vor, unter vier Augen mit ihm zu sprechen. Ehrlich gesagt war ich ziemlich in Panik, wir hatten schon viel Geld ausgegeben, wir brauchten das Pflegegeld dringend.«
Als die Zimmers mit dem Gutachter ins Wohnzimmer gingen, hatten sie kaum noch Hoffnung, die Sache ins rechte Licht zu rücken. Doch zum Glück hatte der Profi schon seine Erfahrungen mit heldenhaften Auftritten dieser Art. »›So etwas passiert öfter, als Sie denken‹, beruhigte er uns. ›Viele leugnen den Hilfsbedarf. Auch wenn ich gestehen muss, dass die beiden auf den ersten Blick durchaus orientiert und selbständig wirkten. Lassen Sie uns die Liste noch einmal in Ruhe durchgehen.‹ Jetzt, endlich, kamen die Fakten auf den Tisch. Hilfe bei Ganzkörperwäsche, bei Teilwäsche, bei der Zahnpflege, Aufwand für Medikamente, Inkontinenzbinden, alles trug er ein, mit Zeitangaben und

Kosten. Und da entstand ein völlig anderes Bild. Wir – ich sage schon ›wir‹! – landeten in Pflegestufe II. Drei Tage haben meine Schwiegereltern kein Wort mit uns gesprochen, sie waren tief beleidigt. Ein halbes Jahr später, als es meinen Schwiegereltern bedeutend schlechter ging, wiederholten wir die Begutachtung, diesmal bekamen sie die höchste Pflegestufe, die III.«

Sterbendürfen

Sascha, der jüngste Sohn, kommt ins Wohnzimmer. Basecap, Jeans auf den Hüften, er wirkt älter als seine zwölf Jahre. Er sieht mich an, dann seine Eltern, nimmt sich einen Keks und hockt sich auf eine Sessellehne. »Was ist Phase?«, fragt er lässig. »Wie wär's mit ›Guten Tag‹? Wir reden über Oma und Opa«, antwortet seine Mutter. Interessiert nimmt er mich in Augenschein. »Haben Sie auch Ihre Eltern bei sich zu Hause?«, fragt er. Ich schüttele den Kopf. Enttäuscht hebt er die Augenbrauen. »Schade«, sagt er, dann greift er sich noch zwei Kekse und steckt sie auf einmal in den Mund. Etwas beschämt sitze ich da. Ich kann mich nicht gegen das Gefühl wehren, dass dieser Zwölfjährige mir moralisch überlegen ist. »Es – es ist, weil ...«, will ich mich rechtfertigen. Er grinst souverän. »Schon gut«, murmelt er kauend, »immer bei Grün gehen, Ciao.«

Verlegen schaue ich in die Runde. Wie war das? »Bei Grün gehen heißt: bleib entspannt«, übersetzt Bernd Zimmer. »Kinder sind direkt«, sagt seine Frau entschuldigend. »Er ist eben stolz darauf, was er geleistet hat. Das war aber auch nicht von Anfang an so. Einmal kam er weinend aus der Schule, weil ein Klassenkamerad ihm gesagt hatte: ›Bei euch riecht es nach Friedhof.‹ So etwas tut weh. Doch was wollen Sie: Wenn ein Kind es selbst nicht kennt, dass die Großeltern zu Hause gepflegt werden, findet es das halt gruselig.«

Wir sehen aus dem Fenster, Sascha spielt im Garten Fußball. »Er hat sich oft mit seinem Großvater unterhalten«, sagt Bernd Zimmer. »Der erzählte immer nur vom Krieg, wir konnten es, ehrlich gesagt, schon nicht mehr hören. Aber Sascha fand das spannend. Wollte alles über Panzer wissen, über Granaten, Bomben. Mein Vater freute sich, dass sich jemand noch dafür interessierte. Sascha ging ja auch unbefangener an das Thema heran als wir. Wir mochten diese Heldengeschichten nicht, denn darum ging es meist.« »Aber das ist nur möglich, wenn man nah beieinander wohnt«, ergänzt seine Frau. »Eine Stunde Besuch im Monat kann das nicht leisten, vor allem nicht für die Kinder. Sascha durfte zu jeder Tages- und Nachtzeit zu seinen Großeltern. Ich glaube, für meinen Schwiegervater machte es das Sterben leichter. Er konnte noch etwas weitergeben, so empfand er das. Dafür war er dankbar.«

Ich wage kaum, nach dem Ende zu fragen. Auf einmal fühle ich mich deplatziert hier. Hoffnungslos indiskret dazu. »Sie wollten doch etwas übers Sterben wissen«, sagt Beate Zimmer in diesem Moment unbefangen. Gedanken kann man lesen, auch wenn man sie mit Schweigen ummantelt. »Ja«, sage ich matt. Sie lehnt sich auf der Couch zurück, greift nach einem Kissen, ihre Hände spielen unaufhörlich auf dem bestickten Stoff herum. »Es begann bei beiden mit einer unerklärlichen Erholung. Sie wurden wieder gesprächiger, es schien ihnen besser zu gehen. Dann aber der Absturz. Wir alle ahnten, dass es auf das Ende zugeht, auch sie ahnten es vermutlich, doch wir vermieden jede Erwähnung des Todes.«

Bernd Zimmer räuspert sich. »Eines Tages beschlossen wir, das Tabu zu brechen. Meinem Vater ging es schon sehr schlecht, er übergab sich häufig, wir mussten ihm eine Magensonde einsetzen lassen, damit er nicht verhungerte und verdurstete. Wir hatten jetzt auch einen ambulanten Pflegedienst, es ging gar nicht mehr anders. Ich setzte mich zu meinem Vater aufs Bett. Als ich das Wort ›Tod‹ erwähnte, konnte ich kaum reden, mein Mund war trocken. Ich wollte ihn doch um Himmels willen nicht verletzen. Doch zu meinem größten Erstaunen sagte er: ›Danke, mein Junge, dass wir über den Tod sprechen dürfen. Ich denke nur noch daran.‹«

Beate Zimmer betrachtet den Kissenstoff, sie presst die Lippen aufeinander. Ihr Mann legt eine Hand auf ihre unruhigen Finger. »Es war genau richtig. Alles andere wäre zu diesem Zeitpunkt verlogen gewesen. Von nun an wirkte er entspannter, er war nicht mehr so unruhig, der Blick ging in die Ferne. Eines Nachmittags schlief er ein und wachte nicht mehr auf. Wir waren bei ihm, alle. Es war irgendwie festlich, so komisch das klingt.«

»Und Sascha?«, frage ich seine Mutter. Sie reibt sich die Augen. »Er hat geweint, wir alle haben geweint. Am furchtbarsten aber war es für meine Schwiegermutter. Sie hatte ihren Mann überlebt, dabei wollte sie immer vor ihm sterben. Von nun an wartete sie nur noch auf den Tod. Sie war gläubig, sie war überzeugt, ihn im Jenseits wiederzusehen. Das wurde ein großes Thema, die Kinder fragten uns, wie das denn sei mit dem Jenseits. Aber für uns«, sie sieht kurz ihren Mann an, »für uns war es gut, dass wir mit den Kindern darüber reden mussten. Denn das heißt, man muss erst mal selbst darüber nachdenken, bevor man ihnen Antworten gibt. Das war mit das Beste und auch das Tröstlichste an allem, dass wir nicht weglaufen konnten, auch nicht vor unseren eigenen Fragen.«

So, wie diese beiden stillen Helden dasitzen, beneide ich sie fast um das Gefühl, alles richtig gemacht zu haben. Wer kann das schon von sich behaupten? »Wenn ich die Wahl hätte, ich würde es jederzeit wieder tun«, sagt Beate Zimmer, als sie später mit mir durch den Vorgarten geht, zu meinem Auto. Andere sagen so einen Satz über eine Diät, über eine neue Sportart. Hier hat der Satz unvermutetes Gewicht. Sie bleibt stehen. »Aber ich möchte Ihnen auch sagen, dass nicht jeder das kann. Wir haben ein Haus, ich arbeite nicht, die Kinder waren stabil genug für die Sterbebegleitung. Das ist ganz wichtig, das müssen Sie unbedingt in Ihrem Buch schreiben: Ein angemessener Abschied ist auch im Krankenhaus möglich, oder im Heim. Was zählt, ist da zu sein. Über den Tod zu sprechen, wenn es so weit ist. Und Liebe zu geben. Mehr nicht.«

Tabula rasa

Da hatte ich ihn, meinen Königsweg. Eine Geschichte ohne Schönheitsfehler, eine herzzerreißend anständige und verantwortungsvolle Art und Weise, den Tod der Eltern weich in den Schoß der Familie zu betten. Das aber, wusste ich, war auch zugleich die höchste erreichbare Stufe. Das Maximum.

Das, was viele für ihre Liebespflicht halten, aber beim besten Willen nicht erfüllen können. Ich war froh über Beate Zimmers Abschiedsworte: Nicht jeder sei in der Lage, das zu tun, was sie getan hat.
In Gedanken zählte ich noch einmal auf, was sie für die unverzichtbaren Dinge hielt: da sein, über den Tod sprechen, Liebe geben. Wie ließe sich das auf alte Eltern übertragen, die im Heim wohnen? Da sein – wie denn, wenn man Hunderte von Kilometern entfernt lebt? Selbst, wenn wir überhaupt benachrichtigt werden, dass Mutter oder Vater im Sterben liegen, die schnellsten Züge, die besten Straßen, die günstigsten Flieger werden uns vermutlich dennoch zu spät kommen lassen. Über den Tod sprechen – trauen wir uns das, wenn wir nicht genau wissen, wann er eintreten wird? Erscheint es uns nicht immer zu früh, das Sterben zum Thema zu machen? Ist es nicht ein makabrer Vorgriff auf das, was wir doch bei unseren Besuchen gern in weite Ferne schieben, im Namen des Trostes? Liebe geben – wie soll das gehen, wenn die alten Eltern keine Briefe mehr lesen, nicht mehr telefonieren können, wenn unsere Morsezeichen aus der Ferne sie nicht mehr erreichen, wenn nur noch Präsenz gefragt ist?

9

Die Liebespflicht

Jenseits von Überforderung und Schuldgefühl

Lange hatte ich keine Antwort auf die Frage: Was tun? Wie entgeht man der unseligen Polarität von Überforderung und Schuldgefühl? Wie findet man im Dickicht der Möglichkeiten den einen rettenden Pfad? Mittlerweile weiß ich, dass es die eine Antwort nicht gibt. Weil alte Menschen keine gesellschaftliche oder gar biologische Spezies sind, deren Eigenschaften und Verhalten sich zuverlässig beschreiben ließen. Sie sind keine Kategorie, sie sind genauso radikal individualistisch wie wir, die nächste Generation, die gelernten Individualisten. Eigentlich eine triviale Erkenntnis – dennoch suchen wir unbeirrt nach gerasterten Lösungen, weil wir uns damit sicherer fühlen würden. Die Entscheidung von Fall zu Fall birgt immer das Risiko des Irrtums. Fehler aber wollen wir uns auf keinen Fall vorwerfen müssen – oder: lassen. Deshalb fahnden wir nach der perfekten Gebrauchsanweisung für den Tag X. Es gibt sie nicht. Das anzuerkennen, wäre der erste Schritt aus dem Dilemma, in dem sich viele aufreiben.

Versicherungsschein

Tief sitzt die Überzeugung, es müsse allgemein gültige Konzepte geben, am besten noch solche, die der Staat vorgibt. So wie er vorschreibt, dass Kinder in die Schule zu gehen haben und Autos regelmäßig zum TÜV müssen. Feste Regeln entlasten, auch emotional. Die Reduktion der Möglichkeiten auf ein, zwei gesellschaftlich akzeptierte entschuldet das Ich, eine verführerische Vorstellung also muss es sein, gefühlsfrei und sozial anerkannt eine probate Strategie zu verfolgen. Man müsste sich nicht den Kopf zerbrechen, man entginge den Zweifeln, den zermürbenden Gedanken, ob man wirklich alles gibt, was man zu geben in der Lage wäre. Es wäre der perfekte Versicherungsschein – bei Bedarf zu aktivieren.

Doch mir wird immer klarer, dass der Wunsch nach solchen Bauanleitungen nur der Ausdruck dafür sein kann, dass wir eine tiefe Scheu haben, statt möglicher Strukturen die Beteiligten näher zu betrachten: Wer sind unsere Eltern wirklich? Was tut ihnen gut? Was tut uns gut? Unseren Kindern?

Das gelingt nur, wenn wir Familie nicht als das sehen, was sie in unserem kindlichen Blick einmal war. Wir müssen unsere Eltern wieder neu kennen lernen, unsere Geschwister jenseits der Klischees ernst nehmen, unseren Kindern Nähe gewähren. Vor allem aber: uns selbst betrachten, als hätten wir gerade eben erst Bekanntschaft mit uns geschlossen. Endlich in der Jetztzeit ankommen. Der moralische Begriff der Aufrichtigkeit, sagte Sartre scharfsinnig, sei nur durch die Vor-

stellung zu haben, dass wir »wir selbst« sein müssen – und er betonte: wirklich und wahrhaftig wir selbst sein müssen.
All das ist schon für uns selbst eine Frage der Authentizität. Wenn wir mit alternden Eltern konfrontiert werden, ist es eine Notwendigkeit. Doch stattdessen tun viele so, als liege das Problem irgendwo außerhalb und nicht mitten in uns selbst. So stellt sich der Notfall Eltern als ein Störfaktor von außen dar, der so schnell wie möglich weggeschoben, neutralisiert, unschädlich gemacht werden muss. Es passt in diese Symptomatik, dass die meisten erst einmal auf gut Glück das Problem wegimprovisieren. Und versäumen, sich ein Thema zu erobern, von dem sie dann am Ende brutal überrannt werden.
Heute weiß ich: Das Thema bin ich selbst, in der Konstellation meiner Familie. Es mag mir durch die Situation aufgezwungen sein, es mag gerade nicht passen, zu früh oder zu spät kommen – doch allein schon solche verbalen Ruderbewegungen weg, nur weg vom Thema zeigen, wie ahnungslos ich gelebt habe, was die einfachsten Selbstvergewisserungen betrifft.
Jedoch: Wer höhere Instanzen anruft, Gesetze, Richtlinien, Pflegemodelle, der bewegt sich völlig im Einklang mit dem gesellschaftlichen Mainstream. Wir erwarten möglicherweise deshalb staatliche Vorgaben wie ein Gottesgericht, weil dieser Staat immer aufdringlicher in unser Privatleben eingreift, mit dem Steuerrecht, mit der Familienpolitik, auch – und vor allem – durch die kränkelnde Gesundheitspolitik. Der Staat nimmt den kleinen Finger – wir aber strecken ihm bereitwillig die ganze Hand hin. Gebannt starren wir auf Pflegestufen und Zuschüsse und vergessen, dass wir erst Ideen

entwickeln sollten, deren Finanzierbarkeit wir anschließend nachprüfen.
Wenn das Problem so individuell ist wie wir, wie unsere Eltern, dann ist es unsere Liebespflicht, individuell zu reagieren. Ein ambulanter Pflegedienst, vielleicht, nach genauem Abwägen, doch ein – legaler – Senioren-Au-pair, Pflege im Heim, Pflege zu Hause nach Bedarf, eine Studentin, die vorliest, eine engagierte Nachbarin, die die alte Mutter einmal im Monat ins Ballett begleitet, ein Rollstuhlfahrerdienst, der den Vater von Zeit zu Zeit zu seinem Kegelclub fährt, ein ehrenamtlicher Helfer, der sich einfach nur mit den Eltern unterhält, eine Ergotherapeutin, die einmal in der Woche in der Wohnung eine Bewegungstherapie durchführt, ein Masseur, ein Friseur, einer, der Kaffee und Kuchen bringt ... warum denn nicht alle Möglichkeiten erwägen, auch mit den Eltern zusammen, nicht über sie hinweg?
Michel Foucault sagte einmal: »Ich denke, dass wir uns von der Vorstellung freimachen müssen, dass eine notwendige oder analytische Verbindung zwischen der Ethik und den sozialen, ökonomischen oder politischen Strukturen besteht. Damit ist natürlich nicht gemeint, dass dazwischen keine Beziehungen bestehen. Aber diese Beziehungen sind veränderlich.« Wir sind keineswegs begrenzt bewegliche Teile in einer übermächtigen Versorgungsmaschinerie. Und sollten den Mut haben, das, was wir als individuelle Lebensform für uns reklamieren, auch unseren Eltern zuzugestehen. Dazu gehört allerdings mehr als Pragmatismus.
Das mechanistische Weltbild ist auch im digitalen Zeitalter noch so präsent wie zur Zeit der ersten Maschinen. Dieses Weltbild hat uns einiger Dinge beraubt, der Intuition, der

spontanen Emotionalität – und des Mythos. Wir erleben gerade im Umgang mit alten Eltern das, was Theodor W. Adorno die »Vergegenständlichung der Welt im Verlauf fortschreitender Entmythologisierung« nannte. Wenn das Altern und der Tod Mythen wären, Rätsel, denen wir uns mit Respekt nähern, so würden wir all dem nicht so gedankenlos mit umfassender Versachlichung begegnen.

Countdown

Vor kurzem habe ich Freya wieder getroffen, bei einem Schulbasar. »Na, bist du schon weiter mit deinem Thema?«, fragte sie mich. Es klang ein kleines bisschen schadenfroh, so, als erwartete sie ein Nein. »Ja, ich bin weiter«, sagte ich. Aber ich meinte es anders, als sie vermuten musste. Äußerlich gesehen ist alles noch so, wie es war. Mein Vater lebt im Heim, meine Mutter zu Hause, ich besuche sie beide, so oft ich kann. Auf den ersten Blick hat sich nichts verändert. Aber ich habe mich verändert.

Ein Gedankenspiel: Was wäre, wenn wir auf die Hilfsbedürftigkeit alter Eltern mit Freude reagieren würden? Ja, eine kuriose Vorstellung. Doch nehmen wir das »So tun als ob« mal beim Wort – könnte das nicht genau jener Impuls sein, den wir immer ängstlich vermeiden, aber dringend brauchen? Der Impuls, auf den wir insgeheim gewartet haben, den wir sogar ersehnt haben mögen? Damit wir uns endlich über die Schulter schauen, uns beobachten und fragen: »War es das? Lebst du so, wie du leben möchtest?« Enthält die jähe Perspektive der Endlichkeit, von den Eltern rückprojiziert auf

uns, nicht einen heilsamen Verfremdungseffekt, der das Gewohnte aller Selbstverständlichkeit enthebt?
Ein beliebtes Gesellschaftsspiel ist die Frage danach, wie wir leben würden, wenn wir wüssten, dass uns nur noch ein Jahr bis zu unserem Tode bleibt. Weltreisen werden da in die luftigen Himmel freigelassener Fantasien gemalt, Sportwagen, Palmenparadiese. Hätte der Countdown erst einmal begonnen, würde man sich alle Verrücktheiten und Wahnsinnstaten zugestehen, die man sich bisher verboten hat. Kaum jemand antwortet, er würde so leben wie bisher. Kaum jemand würde allerdings auch noch versuchen, die selbstgeschaffene Wirklichkeit neu zu befragen, sie zu reformulieren. Nichts wie weg, ist die verbreitetste Antwort.
Ein anderes Spiel: Wie würdest du leben, wenn du wüsstest, dass deine Eltern nur noch ein Jahr zu leben haben? Schweigen. Nein, jedenfalls keine Weltreise mit den Eltern. Keine Sportwagen, kein Chillout am Pool mit den Todgeweihten. Das Absurde ist, dass viele, sehr viele wissen, dass ihre Eltern, wenn nicht ein Jahr, so doch nur noch kurz zu leben haben. Fantasieoptionen sind das gemeinhin nicht. Wieso? Warum nicht etwas Verrücktes mit den Eltern tun? Niemand hält uns davon ab, sie zu befragen, ob sie noch andere Träume haben als Kreislaufmittel und Rollstühle.
Bevor wir uns mit hektischen Hilfsaktionen überfordern oder die letzten hinübergeretteten Gefühle dem schlechten Gewissen überantworten, könnten wir mutiger werden, das, was wir später einmal das Versäumte nennen würden, jetzt zu tun. Dass Gebrechlichkeit nach Hilfe verlangt, lässt uns allzu schnell übersehen, dass Hilfe, vom Krankendienst bis zur Heimunterbringung, kein Ersatz ist für die letzten gemein-

samen Erlebnisse. Wir hören vermutlich oft nur noch den Notruf, sehen nur noch das, was nicht mehr möglich ist, statt das, was immer noch geschehen könnte.

Wünschenmachen

Die Erfüllung letzter Wünsche ist ein Topos, den wir fälschlicherweise einer Märchenwelt der guten Feen zuordnen. Anfangs musste ich lachen, als ein Freund mir erzählte, er sei mit seinem neunzigjährigen Vater noch einmal ins Spielcasino gegangen. Sie waren in ein ganz bestimmtes Casino in einer kleinen hessischen Kurstadt gefahren, wo er einst als junger Mann die Wonnen des Leichtsinns ausprobiert hatte. Das habe sich der alte Herr gewünscht, obwohl er im Rollstuhl saß und kaum noch etwas sah. Skurriler geht's nicht, dachte ich. Doch je mehr mein Freund von diesem schrägen Ausflug zum Besten gab, desto mehr gefiel mir die Idee. Sie hätten sich herrlich amüsiert, den Roulettetisch aufgemischt, beim Black Jack grandios verloren, und sein Vater hätte sogar auf eine rührend ritterliche Art versucht, mit der Barfrau zu flirten, als sie vor der Rückfahrt noch einen Drink genommen hätten. Bis zu seinem Tode habe der alte Vater immer wieder von diesem Erlebnis gesprochen. Er war an diesem Tag jemand anderes gewesen als sonst, abenteuerlustig, lebenshungrig, nicht nur der abgehakte Pflegefall.
Auch leisere Dinge können geschehen, so wie bei einem anderen Freund, der immer der Lieblingssohn seines Vaters gewesen war, doch nie mehr als distanziertes Wohlwollen erlebt hatte. »Das letzte Jahr mit meinem Vater war zwar traurig,

weil er so krank war, aber die Gefühle sind stärker geworden«, sagte er, »tiefer. Mein Vater war immer der strahlende Held mit den breiten Schultern gewesen. Über Gefühle sprachen wir nie, es war ein sachliches Verhältnis, selbst als ich klein war. Immer war er weit weg. Das änderte sich, als er krank wurde. Ich sah eine Last-Minute-Chance, zu erfahren, wer er eigentlich war, und besuchte ihn oft, viel öfter als vor seiner Krankheit. In einem klaren Moment sah er mich an, richtete sich etwas auf und sagte leise: ›Ich hab dich lieb.‹ Ich war überwältigt. Und dann geschah etwas, was ich nie für möglich gehalten hätte: Er streckte seine Arme nach mir aus, ich beugte mich zu ihm, und dann umarmten wir uns, zum ersten Mal im Leben.«

Das Gesicht meines Freundes bebte, als er es mir erzählte, und ich musste an die vergeudete Zeit denken, die wir mit Gesprächen über Alltagsdinge füllen, mit Überlegungen, welche logistischen Maßnahmen wir treffen könnten, daran, wie wir ängstlich versachlichen, was doch in Wahrheit alles andere als sachlich ist: die einmalige, unverwechselbare Beziehung zu unseren Eltern. Wenn wir es zulassen, zeigen sie uns auch, wer wir sind. Bedauerlich, unfassbar, diese Zeitverschwendung, noch in den letzten Augenblicken die Gelegenheit zu verpassen, den ganzen Menschen wahrzunehmen. Nur selten haben die alten Eltern selbst die Kraft, gegen die verordnete Reduktion auf Krankheit und Alter zu rebellieren.

Eine Bekannte, Judith, hatte ihre sterbende Mutter immer wieder im Krankenhaus besucht, sie war im Laufe der Monate zu einer Amateurärztin geworden, fachsimpelte stundenlang am Bett ihrer Mutter herum und berichtete von ihren

Fahndungserfolgen im Internet, wo sie unablässig nach neuen Therapien und Medikamenten suchte. Ihre Tochter Lissy, neun Jahre alt, war oft dabei und langweilte sich so sehr, dass sie immer nach wenigen Minuten Handyspiele machte oder in den Fernsehraum floh.

Eines Tages betrachtete die alte Dame ihre Tochter Judith nachdenklich und sagte: »Kind, du hast so eine schöne Bluse an, so etwas hätte ich auch gern. Einmal noch.« Meine Bekannte, längst gesteuert durch ihren frisch erwachten medizinischen Ehrgeiz, sah sie entgeistert an. Sie sagte nicht, was sie dachte: Eine Bluse? Haben wir keine anderen Sorgen? Und überhaupt – was willst du hier mit einer Bluse? Das Krankenhaus ist doch kein Laufsteg. »Bitte«, beharrte ihre Mutter auf dem Wunsch, »ich möchte mich noch einmal schön fühlen.« Die Kleine sah von ihrem Handyspiel auf. »Ja, Mama, Oma soll noch mal schön sein. Sie war doch früher auch immer so schön.«

Judith wurde unsicher. Sie selbst legt großen Wert auf Kleidung, und mit einem Mal wurde ihr klar, dass das viel mit ihrer Mutter zu tun hatte, die sogar beim Kartoffelschälen so adrett ausgesehen hatte, als trete sie in einem Werbespot für Kartoffelklöße auf. Durch Schmerzen, Entmündigungen, Todesangst hatte diese alte Frau etwas herübergerettet, einen Teil ihres alten Ichs. Das Kind feuerte sie an: »Stimmt's, Oma, du magst diese komischen Nachthemden nicht? Ich mag sie auch nicht, die Dinger kannst du in die Tonne treten.«

Am nächsten Tag ging Judith mit ihrer Tochter in einen Laden und kaufte eine elegante Seidenbluse mit einer großen Schleife. Ihre Mutter weinte, als sie sie auspackte. Judith und Lissy halfen ihr, das Teil anzuziehen, und dann hockten alle drei einen Nachmittag lang zusammen und sprachen über Ballkleider und Satinpumps, über T-Shirts und angesagte Jeans, sie bewegten sich auf jenem Terrain, in dem die sterbende Mutter sich zu Hause fühlte, in einer Welt, an der sie einst teilgenommen hatte und die sie sich nun für ein paar Momente zurückeroberte. Lissy umarmte ihre Oma und sagte: »Du bist so schön wie eine Königin.«

Ein paar Tage später starb die alte Dame. Judith hat die Schleifenbluse bis heute aufbewahrt. Diese Bluse, nicht die Erinnerung an düstere Tage des Bangens, nicht die Krankenakte oder das letzte Foto, ist nun ihr Link zur verstorbenen Mutter. Manchmal holt sie die Bluse aus dem Schrank, streicht über den glatten Stoff und denkt an den Nachmittag, als sie ihre Mutter noch einmal als den Menschen erlebt hat, der sie vor der Krankheit gewesen war. Als ihre Mutter noch einmal sein durfte, was alle Hinfälligkeit nicht hatte zerstören können. »Wenn ich mal ganz, ganz alt bin, ziehe ich die Bluse an«, sagt Lissy.

Dass sich alte Menschen im Angesicht des Todes überhaupt noch etwas wünschen könnten, dass sie nicht nur einen Lebenswillen, sondern vor allem einen Erlebniswillen haben, dass sie viel mehr Aufrichtigkeit wollen, viel mehr Authentizität – das ist eine ungewohnte Vorstellung, wohl wahr. Jedem zum Tode Verurteilten wird ein letzter Wunsch gewährt, und sei es die Henkersmahlzeit, die er zusammenstellt. Wir sollten viele letzte Wünsche ins Repertoire unserer Liebespflicht aufnehmen. Gemeinsame Erlebnisse, letzte Höhepunkte sind wichtiger als ungeliebte Pflichten, die widerwillig verrichtet werden.

Das Zeitempfinden alter Menschen ist völlig anders als unseres. Sie leben auf Ereignisse hin und kosten Ereignisse noch lange nach, wie mein Vater damals den fünfundsiebzigsten Geburtstag meiner Mutter. Ihm war klar, dass sein Ausflug zur Familienfeier tödlich hätte sein können, ohne medizinische Überwachung, ohne die Möglichkeit, im Ernstfall sofort auf professionelle Wiederbelebungsmaßnahmen, Herz-Lungen-Maschinen und Infusionen zurückgreifen zu können. Er hat dieses Risiko bewusst in Kauf genommen. Übrigens blieb er statt der vom Arzt unter Protest bewilligten drei Stunden viel länger, bis spät in den Abend hinein. »Die bekommen mich noch früh genug zurück«, sagte er nur. Keine Unvernunft, sondern die Vernunft des Gefühls. Das könnten wir von alten Menschen lernen.

Enkelkinder

Amelie hat mir die Augen geöffnet, ohne es zu wissen. Da war diese Eifersucht auf die Mutter gewesen, Eifersucht auf die vergnügte Allianz zwischen Großmutter und Enkeln. Einer ihrer Sätze ist mir noch bestens im Gedächtnis: »Die Kinder tun so gut wie nichts für meine Mutter, und trotzdem sind sie die Lieblinge, ich dagegen habe die ganze Arbeit und werde angeschimpft.« Und noch etwas anderes fällt mir ein, eine Schilderung ihrer Kindheit: »Meine Mutter hat für mich gekocht, geputzt, genäht, meine Hausaufgaben durchgesehen, die Schulbrote gemacht – sie hatte nie Zeit für mich.« Damals habe ich darüber herzhaft lachen müssen. Zeit hatte ihre Mutter genügend für sie aufgewandt, aber eben nicht für das, was Amelie sich wünschte. Für das, was jetzt ihre Kinder bekommen.

Würde Amelies Mutter heute nicht fast den gleichen Satz über ihre Tochter sagen? »Sie kocht für mich, sie putzt für mich, sie macht das Bett, sie stellt mir die Tabletten hin, nie hat sie Zeit für mich.« Keine Zeit für authentische Momente. Amelies Kinder zeigen völlig unbedarft, was sie sich von ihrer Oma wünschen: Sie möchten spielen. Und umgekehrt schätzt die Großmutter die direkte Art der Kinder mehr als den enervierten Dauerpflegeton der Tochter. Selbstverständlich hat Amelie die Belastungen der Pflege auszuhalten, sie hat den schwierigeren Part. Doch mit der Entscheidung fürs Heim wird sie auch den Kontakt der Kinder mit ihrer Großmutter einschränken und damit eine von Lasten befreite Spielzone. Das behauptete Generationenduell zwischen Kindern und Großeltern, so vermute ich, ist oft ein von der Zwischengeneration inszeniertes. Nähe zu den Kindern soll ein Privileg der Eltern sein, nicht der Großeltern. Die Bedürfnisse der Kinder werden unbewusst gegen die der Großeltern ausgespielt, ohne dass die möglichen Querverbindungen gesehen werden.

Den segensreichen Sprung über eine Generation hinweg hat wunderbar Theodor Fontane beschrieben, in seinem Gedicht über den alten Herrn Ribbeck von Ribbeck im Havelland. Vor ein paar Wochen hat mein Sohn es für die Schule auswendig lernen müssen. Und als ich mit ihm die Strophen durchging, hörte ich es neu – als ein Wohlwollen der Großelterngeneration, die schon weiß, dass es mit der Güte vorbei sein könnte, wenn die nächste Generation übernimmt: »Aber der Alte, vorahnend schon, / und voll Misstrauen gegen den eigenen Sohn, / der wusste genau, was damals er tat, / als um eine Birn' ins Grab er bat.« Der alte Ribbeck vermachte den Kindern etwas über den Tod hinaus – was wird es für meinen Sohn sein, was er nach dem Tod meiner Eltern in Händen hält?

Ich lebe nicht mit meinen Eltern zusammen. Doch es wäre mehr möglich gewesen, mehr Nähe, mehr Erfahrungen. Wenn ich ehrlich bin, habe ich meinen Sohn viel zu wenig mit meinen Eltern allein gelassen, als das noch möglich gewesen wäre. Ich wollte ihn einmal mehr schützen, vielleicht auch meine Eltern, aber wovor eigentlich? Warum diese ängstliche Kontrolle? Es ist immer wieder verblüffend, wie zielsicher Enkelkinder etwas an ihren Großeltern entdecken, was noch irgend brauchbar sein könnte für ihren spielerischen Umgang mit der Welt. Selbst wenn die Großeltern scheinbar gar nichts mehr tun können.

Je länger ich über die unbefriedigenden Besuche bei meinen Eltern nachdachte, vor allem über die des vergangenen Jahres – das Kind stumm neben den Erwachsenen, ohne jede Chance, etwas Eigenes aus der Situation zu machen, zur Statisterie verurteilt –, so gab es nur eine Möglichkeit, diesem abgezirkelten Ritual zu entkommen: ihn eine Weile mit meinem Vater, meiner Mutter allein zu lassen, ganz egal, wie gebrechlich, verwirrt, kraftlos sie sein mochten. Ich habe es getan. Ich weiß nicht, was mein Sohn letzthin mit meinem Vater geredet hat, als er ihm gegenübersaß, ohne mich, welche Gespräche er ihm abgerungen hat. Ich weiß nicht, wie es für ihn war, zu zweit mit meiner Mutter ›Mensch ärgere Dich nicht‹ zu spielen, ohne mich, und dann mit ihr in der Küche Kakao zu kochen. Jetzt endlich macht er seine eige-

nen, die letzten eigenständigen Großelternerfahrungen, die er in sein erwachsenes Leben mitnehmen kann.
Ein Bekannter fällt mir ein, sein Vater war in den letzten Monaten seines Lebens geistig schwer verwirrt, ein so genannter Schreier, der in regelmäßigen Abständen um Hilfe rief und auf der Pflegestation für Angst und Schrecken sorgte. Mit einer Ausnahme: Wenn Lilli kam, die ihm immer die Liebste von seinen Enkeln gewesen war, wurde sein Wesen sanft. Mit Staunen registrierten es die Eltern.
Lilli saß nicht wie ihre Eltern untätig am Krankenbett herum und quälte sich durch eine pflichtschuldige Konversation, Lilli tat das, was sie immer mit ihrem Großvater getan hatte, von klein auf: Sie spielte mit ihm Mau-Mau. Der Schlüssel für die gelingende Situation war die innige Beziehung, die sie hatten, das Geheimnis aber war ein anderes: Das Mädchen durchbrach instinktiv die Hierarchie zwischen Besucher und Besuchtem. Nicht, um ihrem Großvater etwas Gutes zu tun, sondern aus purer sozialer Intelligenz. Wenn die beiden Karten spielten, waren sie auf einer Ebene. Und nichts anderes verlangt soziale Intelligenz: den Ausgleich der Interessen, den Wunsch, dass zwei sich wohlfühlen.
Wie hellsichtig schreibt Goethe in den »Zahmen Xenien«: »Es wäre töricht zu verlangen: / Komm, ältele du mit mir.« Herrlich, dieses »älteln«. Darin steckt nicht nur die Absurdität, von unterschiedlichen Generationen gemeinsames Altern verlangen zu wollen, es klingt auch etwas an, was uns als letztlich gedankenlos herzloser Umgang mit unseren alten Eltern vertraut ist: Wir meinen uns verleugnen zu müssen, wir »älteln« immerzu mit unseren Eltern. Ohne es zu wollen, lassen wir sie spüren, dass sie diejenigen sind, für die man

etwas tun muss, denen man nichts anderes lässt, als die milde Gabe des Besuchs anzunehmen. Kinder sind da egoistischer, nein unbefangener. Sie bleiben sich treu, auch in ihren Ansprüchen.

Niemand wird bestreiten, dass Großeltern anstrengend, bösartig, verwirrt, schwach sein können. Aber sie sind es zu Beginn der Krankheiten selten ganz und gar. Doch früh fürchten wir Zumutungen: Das Kind könne in seiner Lebhaftigkeit eine sein, die alten Eltern in ihrer Erstarrung. Die falsche Rücksicht, die falsche Sorge zerstören oft das letzte Band, das noch da ist. Gleichzeitig projizieren wir unsere Berührungsängste, unsere Überforderung, unsere Unsicherheit auf unsere Kinder. Stattdessen sollten wir die Räume erweitern und uns auch manchmal zurückziehen.

Es hat lange gedauert, bis ich erkannte: Eltern-Kind-Begegnungen folgen ritualisierten Schemata, wie sie auch die Geschwisterbeziehungen oft lebenslang bestimmen. In den vertrauten Konstellationen bewegt sich wenig auch bei den ritualisierten Großeltern-Enkel-Begegnungen – doch mein Vater und mein Sohn sind andere, wenn sie ohne Aufsicht beisammen sind. Hier liegt eine große Chance, und sie erschöpft sich bei weitem nicht darin, dass Enkelkinder zwanghaft in die Liebespflicht integriert werden, sie liegt dort, wo eine familiäre Beziehung wirklich gelebt wird.

Hellsicht

Letzte Nähe. Ich habe meine Großmutter mütterlicherseits besucht, als sie im Sterben lag, umsorgt von meinen Eltern. Ein Leben lang hatte sie gearbeitet, früher hätte es sie schwer im Bett gehalten, nicht mal einen Mittagsschlaf gönnte sie sich. Nun strahlte sie eine große Ruhe aus, das Einverstandensein mit dem, was ihr bevorstand. Der Mann, mit dem ich zusammenlebte, war mitgekommen, Oma war ihm ans Herz gewachsen mit ihrem Wohlwollen, ihrer Milde. Träumerisch sah sie uns an. Sie sprach von der Zukunft, sie sah wunderbare Dinge. Und nahm uns das Versprechen ab zu heiraten.

Alte Menschen verändern sich, wir neigen dazu, allein den Verfall, die Deformationen zu sehen. Wir hätten die Gelegenheit, auch Veränderungen wahrzunehmen, die völlig vom Erwartbaren abweichen. Geistige Veränderungen, die eine andere Persönlichkeit offenbaren, jahrzehntelang überkrustet von funktionablen Standards des Verhaltens.

»Und dann eines Tages alt sein«, schreibt Rilke in einem Brief, »und noch lange nicht alles verstehen, nein, aber anfangen, aber lieben, aber ahnen, aber zusammenhängen mit Fernem und Unsagbarem, bis in die Sterne hinein.« Es kostet Zeit, auch dies zu sehen. Letzte Erinnerungen, neu betrachtet, aus dem Mund des Alten, des Kranken, des Sterbenden zu hören, Fantasien und Visionen, durch Krankheiten wie Alzheimer oder durch Psychopharmaka erzeugt, vielleicht. Aber nicht nur.

Interessieren wir uns für das, was alte Leute im »Morgenrot

der Ewigkeit« sehen, von dem Eichendorff spricht? »Mein Vater war wie auf Droge«, erinnert sich meine Freundin Laura, die für einige Tage Urlaub genommen hatte, als ihr Vater im Sterben lag. »Er sah Engel und Teufel, er spazierte durch fantastische Landschaften, die er mir beschrieb, mit Wasserfällen und Regenbögen. Die ganze Verwandtschaft hatte ihn schon als schrullig abgehakt, als überspannt und verdreht. Doch das war er nicht. Er konnte alles genau schildern, er hatte Freunde in dieser Welt, stundenlang sprach er mit ihnen. Und dann sagte er eines Tages: ›Entschuldige, aber meine Freunde haben gesagt, dass du nicht richtig lebst. Sie finden, dass du traurig aussiehst, als hättest du dich aufgegeben.‹«
Laura war erschrocken gewesen. Gerade zu jener Zeit hatte sie Ärger im Job gehabt, außerdem Probleme in der Familie. »›Wollen wir zusammen verreisen?‹, fragte mein Vater. ›Du musst ans Meer, lass uns gemeinsam ans Meer fahren.‹ Er war zu diesem Zeitpunkt schon bewegungsunfähig. Ich ging auf sein Spiel ein: Und zusammen fuhren wir los, nur in unserer Fantasie. Wir badeten in der Brandung, wir spürten den Wind, und am Ende sagte mein Vater: ›Jetzt legen wir uns in den Sand. Wie schön das ist.‹ Er war müde geworden und schloss die Augen. Am nächsten Morgen wachte er nicht mehr auf.«
Sehr oft noch ist Laura in Gedanken an jenem Fantasiestrand gewesen, mit ihrem Vater. Hat sich in den Sand gelegt und sich ausgeruht. Es war ein Bild, das sie sich später immer wieder ins Gedächtnis rief, wenn alles über ihrem Kopf zusammenschlug. »Der Nachmittag hat viel verändert für mich«, sagt sie. »Wir haben nicht gelernt, die Abweichungen als etwas Interessantes, als etwas Aufschlussreiches zu sehen. Wie viel könnte man noch kurz vor dem Ende von seinen Eltern

mitnehmen, wenn man es sie denn erzählen ließe. Obwohl wir immer so aufgeklärt tun, teilen wir doch die Welt nur noch ein in Normale und Verrückte, in Alte und Junge, in Kranke und Gesunde. Ganz falsch. Ich bedauere heute, dass ich meine Mutter kurz vor ihrem Tod kaum gesehen habe, weil ich damals im Ausland lebte. Halte mich bitte nicht für esoterisch: Aber ich bin davon überzeugt, dass Eltern so etwas wie ein Vermächtnis haben. Und es tut mir leid, wenn ich daran denke, dass wir ihnen nicht mehr wirklich zuhören, wenn sie alt sind, dass wir nur noch über Krankheiten reden. Immerhin: Mein Vater konnte mir etwas mitgeben, und ich zehre bis heute davon.«

Weggabelungen

Heute besuche ich Charlotte, Charlotte aus dem Supermarkt. Es hat sich in der Zwischenzeit eine Menge verändert. Ihr Vater, den sie nach seinem Herzinfarkt zu Hause aufgenommen hatte, lebe jetzt wieder in seiner alten Wohnung, erfuhr ich von ihr am Telefon. Ich stutzte. Obwohl er Hilfe braucht? Medizinische Betreuung? »Ich erzähl's dir mal in Ruhe«, sagte sie. »Das geht nicht in zwei Sätzen. Nächste Woche am Dienstag? So gegen sieben?«

Es ist Dienstag, ich klingele, Jana, die achtjährige Tochter, öffnet mir. Charlotte steht in der Küche und kocht ihre legendären »Tomatenschnellspaghetti«, es ist kurz nach sieben, die Kinder haben Hunger, sie ist erst vor einer halben Stunde von einem Interview zurückgekommen. Den Job in der Presseagentur hatte man ihr freigehalten, mit zwanzig Wochen-

stunden ist sie jetzt dort angestellt. »Jasper, zieh deine Schuhe aus und füttere den Hamster!«, ruft sie ins Kinderzimmer. »Und Jana, du räumst das Lego weg, aber turbo!« »Jahaaa«, tönt es zweistimmig gedehnt aus dem Kinderzimmer, dieses »Jahaaa«, das so viel bedeutet wie: »Wenn's sein muss, später vielleicht.« Eine ganz normale Familie. Vor kurzem noch hätte vielleicht in diesem Moment der Großvater um Hilfe geschrien, nach einem Gewehr verlangt, nach der Polizei.
»Steffen ist unterwegs, er kommt aber später noch«, erklärt Charlotte. »Der ist bei seiner Schwester, es geht auch dort um die Eltern – du siehst, die Einschläge kommen immer näher.« Sie öffnet eine Dose mit passierten Tomaten, ich hacke Knoblauch, das Spaghettiwasser dampft auf dem Herd. Erleichtert registriere ich, dass sie zwar alle Hände voll zu tun hat, aber nicht im mindesten so abgehetzt und getrieben wirkt wie damals. »Also, du willst wissen, was passiert ist? Ganz einfach: Ich habe eingesehen, dass ich nicht nur Verantwortung für meinen Vater habe, sondern auch für meine eigene Familie«, sagt sie. »Kurz nachdem wir vorletztes Mal telefoniert haben, bekam ich einen Hörsturz. Totalausfall des Systems sozusagen, nichts ging mehr. Eine Weile haben wir uns durchlaviert, aber dann hat mein Mann sich verweigert. Völlig. Er sagte klipp und klar, dass wir weder uns noch meinem Vater einen Gefallen täten mit diesem Stress, jetzt bräuchten wir professionelle Hilfe. Es gebe ja vielleicht andere Möglichkeiten als das Heim. Aber wie? Wir haben dann alle möglichen Beratungsstellen abgeklappert. Doch so richtig entscheiden konnten wir uns nicht.«
Sie gießt die Spaghetti ab, ruft die Kinder, die das Besteck aus der Schublade holen, jeder Griff sitzt. Ein eingespieltes

Team. »Der Zufall kam uns zu Hilfe. Zwei Wochen nach meinem Hörsturz war für mein Vater wegen des überstandenen Herzinfakts ein Aufenthalt in einer Reha-Klinik fällig. Wir atmeten auf, endlich gab es wieder so etwas wie Normalität. Keiner wagte es zu sagen, aber wir alle wussten, dass wir nicht wieder zurückwollten in diese Ausnahmesituation mit einem kranken und schwerst pflegebedürftigen Vater. Nach einer Woche besuchte ich meinen Vater in der Rehaklinik und war entsetzt. Es ging ihm so schlecht wie nie zuvor, er war völlig geschwächt, noch dazu aggressiv, er schimpfte mit den Pflegern, mit mir.«

Charlotte gießt Mineralwasser ein. »Ich kannte diese Wutausbrüche ja schon, ich wusste aber auch: Sie waren besonders schlimm, wenn er zu wenig getrunken hatte. Sofort sprach ich die Pfleger darauf an, aber die sagten nur schnippisch, es stände ja eine volle Flasche Mineralwasser auf dem Tisch, er könne trinken, so viel er wolle. Mein Vater ist aber fast blind, er schafft es nicht mehr, sich selbst etwas einzugießen, man muss kontrollieren, ob er auch wirklich Flüssigkeit zu sich nimmt. Vom Arzt verlangte ich ein Trinkprotokoll, wie es eigentlich gemacht werden muss, weil im Grunde alle alten Menschen zu wenig trinken. Aber so etwas existierte nicht. Den ganzen Weg nach Hause heulte ich. Wie konnte man nur einen Menschen so verkommen lassen?«

Wir setzen uns. Charlotte wirft einen Blick auf ihre Kinder: »Abmarsch, erst Hände waschen!« Während sie die Nudeln auf Teller verteilt, erzählt sie weiter. »Zwei Tage später fuhr ich wieder hin. Die nächste Katastrophe: Er hatte Magenbluten. Von den vielen Medikamenten waren seine Magenwände völlig zerstört, aber man hatte in der Reha einfach seine Magentabletten abgesetzt, mit dem Hinweis darauf, die seien zu teuer. Niemand hatte überwacht, ob sein Magen das auch mitmachte. Ich will den Pflegern keinen Vorwurf machen, die waren alle völlig überfordert, hatten viel zu viele Patienten zu versorgen. Also musste ich handeln. Er durfte auf keinen Fall länger dort bleiben. Der Arzt warnte mich: Ich dürfe meinen Vater unter keinen Umständen aus der Therapie nehmen. Das sei lebensgefährlich. Ich erwiderte: »Du liebe Güte, dass dieses Krankenhaus viel gefährlicher für ihn ist, liegt ja wohl auf der Hand!« Nun setzte er mich unter Druck, drohte mir fast, sprach von Fahrlässigkeit. Egal, ich unterschrieb eine vorgedruckte Erklärung, dass ich bewusst gegen den medizinischen Rat verstoße.«

Die Kinder kommen zurück, wir fangen an zu essen. Es gibt nichts Besseres als Tomatenschnellspaghetti. »Ganz schön mutig, gegen die Ärzte anzugehen«, sage ich kauend, »schließlich …« – »Ach was«, unterbricht mich Charlotte, »ich war mir meiner Sache völlig sicher. Einen Tag später habe ich meinen Vater abgeholt und in seine alte Wohnung gebracht. Steffen hatte einen ambulanten Pflegedienst organisiert, dreimal am Tag kam nun jemand, um nach Vater zu sehen – Pflegestufe III, die höchste. Morgens wurde er gewaschen und angezogen, mittags wurde ihm etwas zu Essen gebracht, abends half man ihm beim Zubettgehen. Unser Hausarzt hat glücklicherweise ein Beruhigungsmittel gefunden, das ihn auch tatsächlich beruhigt, die Pfleger achteten darauf, dass er trinkt. Ich kam fast täglich, er wohnt ja nur zehn Kilometer entfernt. Das war aber noch kein Happy End. Er war zu viel allein, lag fast nur apathisch in seinem Bett herum. Dann hörten wir von einer Agentur, die Pflegepersonal vermittelt. Aus Polen.«

»Ein Senioren-Au-pair also?« Mit gemischten Gefühlen denke ich wieder an Wolfgang. »Ja, so könnte man es nennen, warum nicht?«, lächelt Charlotte. »Wir haben uns da gemeldet, wenig später kamen schon die schriftlichen Bewerbungen, drei Wochen später reiste Dorota aus Krakau an. Wir räumten das Esszimmer aus, das wurde sowieso nicht mehr gebraucht, und richteten alles für sie ein. Jetzt ist sie vierundzwanzig Stunden bei ihm.«

»Und dein Vater? Was sagt der dazu?« – »Opa hat gesagt: ›Ich will keine fremde Frau in der Wohnung‹«, antwortet Jana für ihre Mutter. »Opa meinte: ›Die klaut bestimmt, und außerdem brauch ich sie gar nicht.‹« – »Drei Tage hat er gegrantelt, jetzt sind sie ein Herz und eine Seele«, ergänzt Charlotte. »Es klappt wunderbar. Er nennt sie Doro, sie nennt ihn Herrn Johann.« – »Sie kocht ihm komische Sachen«, sagt Jasper, der der Älteste von den beiden Geschwistern ist. »Aber sie ist nett. Dürfen wir aufstehen und fernsehen?«

SpongeBob

Die Kinder laufen ins Wohnzimmer, sie wollen SpongeBob nicht verpassen, ihren Lieblingscartoon. Nichts verstehe ich besser als das: Auch mein Sohn ist ein Fan der Serie. Und ich bin es. SpongeBob ist ein kastenförmiger gelber Schwamm in der Tiefsee. Ein ewiges Kind, naiv, aber gewitzt, völlig unverletzbar in seiner Gutartigkeit. Sein Freund Patrick dagegen ist bis zur Schmerzgrenze regressiv, rasend komisch in seiner filterlosen Kreatürlichkeit. Und dann sind da zwei Erwachsene: Thaddäus, ein misanthropischer Klarinetten-

spieler, dessen Intelligenz ihm nur Verdruss bereitet, sowie Mr. Krabs, der Besitzer eines Imbisses, berechnend, geldgierig, verschlagen. Merke: Erwachsene sind verbogen, haben keinen Spaß, am besten, man geht ihnen aus dem Weg. Übrigens: Jede dieser Figuren ist leider umwerfend glaubwürdig.
Ach ja, und sie alle haben auch Eltern, sie kommen allerdings so gut wie nie vor: Mr. Krabs wohnt mit seiner Mutter zusammen, einer unentwegt keifenden und mäkelnden alten Dame, die den Sohn drangsaliert. SpongeBobs Eltern sind indifferent freundliche nachgedunkelte Schwämme, weit weg vom Geschehen, Patricks Eltern sind genauso einfältig wie er, meist auch irgendwo im Nirgendwo verborgen. Nur bei Thaddäus kann ich mich nicht an Eltern erinnern.
Die Erkennungsmelodie gellt aus dem Wohnzimmer herüber, die Kinder singen mit. Sie sehen eine Welt, in der es keine Großfamilie gibt, kein Generationenproblem, natürlich nicht. Weil nicht zusammenwächst, was nicht zusammengehört. Wozu die Probe aufs Exempel machen, das lässt man besser sein. Sie alle sind durchaus soziale Wesen, aufeinander angewiesen, doch die Beziehungen, wie das Leben überhaupt, sind optional. Gesteuert durch das Lustprinzip lassen sich SpongeBob und Patrick am liebsten von ihren Launen durch ein unbehelligtes Kinderleben treiben, und wenn ihnen jemand das lästige, spaßfeindliche Erwachsensein abverlangt, schlagen sie den verdrießlichen Großen gekonnt ein Schnippchen.
So, wie das erzählt wird, halte ich immer zu SpongeBob, der seine Freunde braucht, keine Familie. Der Cartoon der nächsten Generation. Vielleicht kommt ja mal jemand auf die Idee

und erfindet eine Cartoonserie, in der Enkel die unglaublichsten Abenteuer mit ihren Großeltern erleben. Nein, unwahrscheinlich.

Rettung

Charlotte öffnet eine Flasche Wein. »Auf das Leben«, prostet sie mir zu. »Ich bin so froh, dass jetzt alles rund läuft. Auch für die Kinder ist es viel besser so: Als mein Vater noch hier war, litten sie unter der gespannten Atmosphäre, unter seinen Ausbrüchen, in der Reha wollten sie ihn nicht besuchen, weil sie das Krankenhaus ablehnten. Es rieche da so komisch, und die Kranken machten ihnen Angst. Jetzt ist es viel lockerer: Wir alle besuchen meinen Vater viel lieber in seiner Wohnung als in einem Heim, auch ich gehe lieber dorthin, das ist schließlich die Wohnung, in der ich aufgewachsen bin. Mein Vater ist ebenso glücklich, er fühlt sich als Hausherr und Gastgeber, nicht als Patient. Weihnachten waren wir alle bei ihm, auch mein Bruder, der im Ausland lebt. Es war fast wie früher. Dorota ist nach Polen zu ihrer Familie gefahren, aber die paar Tage haben wir das hinbekommen.«

Ich nehme einen Schluck Wein. »Sag mal, ganz legal ist das aber nicht mit Dorota?« Entrüstet schiebt Charlotte ihren Teller von sich. »Doch, das ist legal. Sie ist in Polen bei einer Zeitarbeitsfirma angestellt, mit allem Drum und Dran, Krankenversicherung und Rentenversicherung.« Sie räumt das Geschirr ab. »Und – wie macht ihr das finanziell?«, will ich wissen. »Kein Problem, den ambulanten Pflegedienst bezahlt die Pflegeversicherung, denn mein Vater braucht nachweislich medizinische Profis. Dorota wird von der Rente bezahlt. Das geht so gerade auf. Moment, das ist Steffen.«

Ihr Mann kommt in die Küche, er grüßt in die Runde, nimmt sich von den Spaghetti und der Sauce und setzt sich zu uns. »Und, wie war's?«, fragt Charlotte. »So lala«, antwortet er müde. »Meine Schwester findet es viel zu früh, um etwas zu unternehmen. Ich habe sie beschworen, nicht denselben Fehler zu machen wie wir: Erst gar nichts tun und dann das Falsche.« Er nimmt das Glas, das Charlotte ihm reicht.

»Und du?«, fragt er mich. »Wie geht es deinen Eltern?« – »So weit alles in Ordnung. Aber ihr habt ja offenbar den perfekten modus vivendi gefunden.« Er lacht, mehr angespannt als erleichtert. »Hat aber auch ganz schön gedauert. Die Zeit mit meinem Schwiegervater hier in der Wohnung war ein Alptraum. Nicht, weil er hier war, sondern weil Charlotte den absoluten Burn-out hatte. Ganz ehrlich: Wir haben im letzten Moment unsere Ehe gerettet.«

Charlotte gießt Wein nach. »Stimmt leider«, bekennt sie. »Manchmal denke ich: Es ist im Grunde nicht so wichtig, welche Lösung am besten klingt, wenn die Eltern Hilfe brauchen, sondern dass man früh genug aktiv wird und dann wirklich seiner Intuition folgt. Nicht den Gefühlen, der Intuition. Das ist ein großer Unterschied. Ich war anfangs so beschäftigt mit meiner Tochterliebe, dass ich nicht auf meine innere Stimme gehört habe. Die hat mich nämlich gewarnt, als ich meinen Vater aufnahm: Vorsicht, du übernimmst dich. Aber ich wollte das nicht wahrhaben.«

Charlotte hat einen weiten Weg zurückgelegt, mit vielen Kreuzungen und Gabelungen. Ich habe höchsten Respekt vor ihrer Leistung. »Was würdest du jemandem raten, wenn er nicht weiß, wie er sich verhalten soll?«, frage ich. Sie streicht sich durchs Haar. Dann sagt sie: »Ach, ich bin, glaube ich, keine gute Ratgeberin. Aber ich würde sagen: Das Wichtigste ist, dass man selbst authentisch bleibt und bei den Eltern darauf achtet, dass sie ihre Würde behalten.«

Steffen nickt. »Mein Schwiegervater beispielsweise hat sich Zeit seines Lebens immer sehr korrekt gekleidet, er arbeitete in der Textilbranche, war Einkäufer in einem großen Unternehmen. Er hasste Sportkleidung, nie habe ich ihn in einem Jogginganzug gesehen. Sogar hier bei uns zu Hause trug er immer eine Anzughose und ein Oberhemd. In der Reha wollten sie ihm dann eine Trainingshose aufdrängen, weil er inkontinent ist und die Pfleger es dann beim Anziehen und Ausziehen leichter gehabt hätten. Er fand das entsetzlich. Wir haben den Pflegern erklärt, dass die Trainingshose nicht in Frage kommt. Wir haben ihnen geschildert, was für ein Mensch er früher war. Deshalb haben sie es akzeptiert. Das ist, glaube ich, sehr wichtig – dass man den Pflegern nahe bringt, welche Geschichte ein Mensch hat, auch wenn davon nichts mehr zu sehen ist.«

Charlotte ruft ins Wohnzimmer: »Kinder, Zapfenstreich! Zähneputzen und ab ins Bett! SpongeBob ist längst vorbei!«

Liebesleben

Ich verabschiede mich, mein Sohn wartet auf mich. Eines Tages werde ich auf ihn warten. In meiner Wohnung, in einer Alten-WG, in einem Heim, wer weiß. Ich nehme mir vor, es ihm leicht zu machen, seine Entscheidung über mich zu treffen, möglichst mit mir zusammen. Er muss selbst herausfinden, was seine Liebespflicht sein könnte. Bin ich wirklich davor gefeit, ihm etwas abzufordern, was er nicht möchte, was er nicht leisten kann? Werde ich die Anzeichen seiner Überforderung sehen, werde ich es schaffen, ihm ein eigenes Leben ohne Schuldgefühle zuzugestehen?

Liebespflicht. Die Liebe meiner Eltern hatte viele Gestalten im Laufe meines Lebens. Geborgenheit und Strenge, Wohlwollen und Kritik, Stärke des Gebens und Demut des Wünschens. Auch meine Liebe ihnen gegenüber hat sich verwandelt, von kindlichem Urvertrauen und grenzenloser Zuneigung in Auflehnung und Protest, dann in Sorge und Pflicht, auch zu hilfloser, zu ratloser Liebe.

Wir erwarten von der Liebe, dass sie etwas Schönes ist, ein Geschenk, das wir jeden Morgen erwartungsvoll auspacken, ein Füllhorn der Glücksgefühle. Doch so ist es nicht. Liebe ist nicht nur schön, und das mit Grund. Goethe lässt in einem Gedicht die Schönheit fragen: »Warum bin ich vergänglich, o Zeus?« Und der gestrenge patriarchalische Gott antwortet: »Macht' ich doch nur das Vergängliche schön.« Goethe schreibt weiter: »Und die Liebe, die Blumen, der Tau und die Jugend vernahmen's; / Alle gingen sie weg, weinend, von Jupiters Thron.«

Die Liebe zu meinen Eltern ist nicht vergänglich, genauso wenig wie die Liebe zu meinem Sohn. Sie verwandelt sich. Doch ich muss als Liebende authentisch bleiben. Ich darf keine Getriebene werden, die aus der Furcht vor Unterlassungen das Falsche tut. Die Liebe zu meinen Eltern erfordert genauso viel Fantasie, Spontaneität, Unkonventionalität wie die Liebe überhaupt.

Die Liebespflicht kann zum Verhängnis werden, in Überlastung münden, zum ungewollten Bruch mit den Eltern führen. Nur wenn wir die Pflicht als eine pragmatische Aufgabe sehen, die wir bewältigen müssen, durch Regelung der Pflegebedingungen, und sie von der Liebe als Gefühl abkoppeln, können wir unsere Eltern so lieben, dass sie unsere Liebe als Glück empfinden. Das ist unsere wahre Liebespflicht. Sonst sitzen wir einer Verwechslung von Liebe und Fürsorge auf, die immer noch viele Kinder ihren Eltern entfremdet. Jenen Eltern, die ihren Kindern Handys kaufen, statt ihnen vorzulesen, die ihnen eine Kinokarte und Popcorn spendieren, statt einen Termin abzusagen und zur Schulaufführung zu kommen.

Die Wahl der richtigen Betreuung für alternde Eltern ist eine gewaltige Herausforderung, nie wird man wirklich beruhigt sein, immer wird ein Rest Unsicherheit bleiben, Schuldgefühle, Versagensängste. Doch das darf nicht dazu führen, dass uns dadurch der emotionale Weg zurück zu unseren Eltern versperrt wird. Wir müssen Entlastung annehmen und uns auf diese Weise selbst treu bleiben, damit wir liebende Kinder bleiben können. Opfer zu bringen, die wir insgeheim als unzumutbar empfinden, macht auch unsere Eltern zu Opfern. Unser gutes Gewissen wäre erkauft mit ihren Schuldgefühlen. Ja, Liebe beweist sich auch in ihren Taten. Aber es sind die Liebestaten von Zeit und Nähe, von Geduld und Fantasie, die unseren Eltern signalisieren: Ihr seid gemeint, ihr ganz individuell. Ich weiß jetzt, dass die Zeit, die mir und meinem Sohn mit meinen Eltern bleibt, kostbar ist. Nächste Woche werde ich wieder zu ihnen fahren. Mit ihm.

Nachwort

Viele Tage und Nächte habe ich mit diesem Buch verbracht. Habe versucht, so ehrlich und aufrichtig wie möglich etwas zu beschreiben, was manchmal über mein Fassungsvermögen ging, was weder durch Intellekt noch durch Wissen in den Griff zu bekommen war. Ich hätte das Buch nicht schreiben müssen. Es gibt andere Themen, windschnittigere, spielerische Sujets. Jetzt, am Ende angekommen, weiß ich: Es war gut, dass dieses Buch mich eine längere Weile begleitet hat.

»Woher soll ich wissen, was ich denke, bevor ich lese, was ich schreibe?«, hat eine alte englische Schriftstellerin mal gesagt. Einer meiner Lieblingssätze. Und ich möchte ergänzen: »Woher soll ich wissen, was ich empfinde, bevor ich spüre, was ich schreibe?« Ungekannte, uneingestandene Gefühle tauchten gleichsam aus dem Nichts auf.«

Unser Leben ist schnell, auch meins, ich bedauere es nicht. Aber ich würde mir wünschen, dass andere bei der Lektüre dieses Buches so wie ich beim Schreiben etwas entdecken und wiederfinden, was nicht nur alte Eltern und kleine Kinder betrifft: Liebe. Und die ganz eigene, unverwechselbare Liebespflicht.

Dank

Danken möchte ich all jenen Menschen, die mir ihre Lebensgeschichten erzählt haben und meine Sorgen teilten. Besonders danke ich meiner Schwester Bärbel.

Anhang

Nützliche Adressen

Wohnen im Alter

Informationen, Tipps und Links zum Thema »Neues Wohnen im Alter« gibt es auf der Homepage: www.neue-wohnformen.de

Bundesarbeitsgemeinschaft »Demenz-WGs« Freunde alter Menschen e.V.: www.freunde-alter-menschen.de

Bundesarbeitsgemeinschaft Wohnungsanpassung e.V.: www.wohnungsanpassung.de

Neues Wohnen im Alter e.V.: www.nwia.de

Alter und Gesundheit

Deutsche Alzheimer Gesellschaft e.V.: www.deutsche-alzheimer.de

Deutsche Gesellschaft für Gerontologie und Geriatrie e.V.: www.dggg-online.de

Ambulante Versorgung

Einen Überblick über Hilfsangebote und ambulante Dienste für Ältere gibt der Internetratgeber *Hilfe und Pflege im Alter*: www.hilfe-und-pflege-im-alter.de

Teilstationäre Versorgung
Arbeiterwohlfahrt Bundesverband e.V.: www.awo.org
Deutscher Caritasverband: www.caritas.de
Deutscher Paritätischer Wohlfahrtsverband: www.paritaet.org
Deutsches Rotes Kreuz: www.drk.de
Diakonisches Werk: www.diakonie.de

Rehabilitation im Alter
Arbeitskreis Gesundheit: www.arbeitskreis-gesundheit.de
Bundesarbeitsgemeinschaft für Rehabilitation: www.bar-frankfurt.de
Bundesarbeitsgemeinschaft Mobile Rehabilitation e.V.: www.bag-more.de
Bundesministerium für Gesundheit und Soziale Sicherung: www.bmgs.bund.de. (Auf dieser Internetseite lässt sich die Broschüre *Geriatrische Einrichtungen in der Bundesrepublik Deutschland* herunterladen.)

Loslassen
Gesellschaft für humanes Sterben e.V.: www.dghs.de
OMEGA – Mit dem Sterben leben e.V.: www.omega-ev.de

Allgemeine Informationen
Informationen über Angebote für ältere Menschen finden Sie unter: www.meine-stadt.de
Bundesarbeitsgemeinschaft der Senioren-Organisationen e.V.: www.bagso.de
Bundesministerium für Familie, Senioren, Frauen und Jugend: www.bmfsfj.de

Bundesverband Die Grauen – Graue Panther e.V.: www.die-grauen.de

Informations- und Ideenpool für Initiativen älterer Menschen: www.senioren-initiativen.de

NAKOS – Nationale Kontakt- und Informationsstelle zur Anregung und Unterstützung von Selbsthilfegruppen: www.nakos.de

Leistungen der Pflegeversicherung

Bei *häuslicher Pflege* werden die Sach- und Geldleistungen in der sozialen Pflegeversicherung nach dem Grad der Pflegebedürftigkeit gestaffelt. Sachleistungen und Pflegegeld können auch kombiniert in Anspruch genommen werden. Die Sachleistungen zur Pflege umfassen einen Gesamtwert:

- in Pflegestufe I für erheblich Pflegebedürftige: bis zu 384 Euro monatlich
- in Pflegestufe II für Schwerpflegebedürftige: bis zu 921 Euro monatlich
- in Pflegestufe III für Schwerstpflegebedürftige: bis zu 1432 Euro monatlich
- in besonderen Härtefällen: bis zu 1918 Euro monatlich

Das Pflegegeld, das anstelle der Sachleistungen gezahlt werden kann, beträgt:

- in Pflegestufe I: 205 Euro monatlich
- in Pflegestufe II: 410 Euro monatlich
- in Pflegestufe III: 665 Euro monatlich

In der privaten Pflegeversicherung tritt an die Stelle der Sachleistung eine Kostenerstattung, deren Höhe den Leistungen der sozialen Pflegeversicherung entspricht.
Bei *stationärer Pflege* zahlen die Pflegekassen für die pflegebedingten Aufwendungen, für die medizinische Behandlungspflege und die soziale Betreuung im Heim nach Pflegestufen gestaffelte monatliche Pauschalbeträge:

- in Pflegestufe I: bis zu 1023 Euro
- in Pflegestufe II: bis zu 1279 Euro
- in Pflegestufe III: bis zu 1432 Euro
- in Härtefällen: bis zu 1688 Euro

(Quelle: Bundesministerium für Gesundheit)

Weitere Informationen unter: www.pflegestufe.info

Die Namen der Personen wurden zu ihrem Schutze geändert.

Klug mit Gefühlen umgehen

Daniel Goleman
EQ. Emotionale Intelligenz
Übers. v. F. Griese
ISBN 978-3-423-**36020**-3

EQ²
Der Erfolgsquotient
Übers. v. F. Griese und T. Schmidt
ISBN 978-3-423-**36211**-5

Dialog mit dem Dalai Lama
Wie wir destruktive Emotionen überwinden können
Übers. v. F. Griese
ISBN 978-3-423-**34207**-0

Die heilende Kraft der Gefühle
Hg. v. Daniel Goleman
Übers. v. F. R. Glunk
ISBN 978-3-423-**36178**-1

Thomas Hohensee
Der innere Freund
sich selbst lieben lernen
ISBN 978-3-423-**24679**-8

Verena Kast
Neid und Eifersucht
Die Herausforderung durch unangenehme Gefühle
ISBN 978-3-423-**35152**-2

Der Schatten in uns
Die subversive Lebenskraft
ISBN 978-3-423-**35160**-7

Ute Lauterbach
Werden Sie Ihr eigener Glückspilot
Ganz und anders leben
ISBN 978-3-423-**34353**-4

Joseph LeDoux
Das Netz der Gefühle
Wie Emotionen entstehen
Übers. v. F. Griese
ISBN 978-3-423-**36253**-5

Mia Törnblom
Was bin ich mir wert?
Selbstachtung als Schlüssel zu einem erfüllten Leben
Übers. v. S. Engeler
ISBN 978-3-423-**34473**-9

Peter Uffelmann
Verzeih dir selbst
Die sieben Schritte zum Selbstwertgefühl
ISBN 978-3-423-**34086**-1

Bärbel Wardetzki
Ohrfeige für die Seele
Wie wir mit Kränkung und Zurückweisung besser umgehen können
ISBN 978-3-423-**34057**-1

Mich kränkt so schnell keiner!
Wie wir lernen, nicht alles persönlich zu nehmen
ISBN 978-3-423-**34173**-8

Verena Kast im dtv

Verena Kast verbindet auf einfühlsame und auch für Laien verständliche Weise die Psychoanalyse C. G. Jungs mit konkreten Anregungen für ein ganzheitliches, erfülltes Leben.

Märchen als Therapie

ISBN 978-3-423-**35021**-1

Verena Kast zeigt, dass das Märchen in Symbolen spricht, in denen sich die Erfahrungen von Jahrhunderten verdichtet haben. Im Spiegel dieser Symbole kann man erkennen, dass die eigenen Lebensprobleme eine kollektive existenzielle Entsprechung haben.

Neid und Eifersucht
Die Herausforderung durch unangenehme Gefühle

ISBN 978-3-423-**35152**-2

Wenn wir uns unseren negativen Gefühlen stellen, können wir vernachlässigte Potentiale entdecken und unsere Grenzen wahrnehmen.

Der Schatten in uns
Die subversive Lebenskraft

ISBN 978-3-423-**35160**-7

Die andere Hälfte unserer Persönlichkeit: unangenehm, aber vitalisierend. Wenn es gelingt, den Schatten in uns zu akzeptieren, entwickelt er sich zur subversiven Lebenskraft.

Glückskinder
Wie man das Schicksal überlisten kann

ISBN 978-3-423-**35154**-6

Mut und Entschlossenheit, Klugheit und Ausdauer, Phantasie und Willenskraft sind die Eigenschaften, die nötig sind, um seiner ureigensten Bestimmung gerecht zu werden, das Leben zu meistern – eben ein Glückskind zu werden.

Vom Interesse und dem Sinn der Langeweile

ISBN 978-3-423-**35162**-1

Langeweile ermöglicht immer wieder die Neubesinnung auf ureigenste Interessen und ist somit eine der produktivsten Emotionen überhaupt.
»In seiner Mischung aus psychologischen und philosophischen Überlegungen liefert das Buch viel interessanten Stoff zum Nachsinnen.« (Psychologie heute)

Hilfe zur Selbsthilfe

Peter Angst
Ehen zerbrechen leise
Ein Frühwarnsystem für Paare
ISBN 978-3-423-**34028**-1

Andrew Bienkowski
Mary Akers
Das Geschenk meines Lebens
Wie uns schwere Zeiten Hoffnung und Stärke geben können
Übers. v. U. Pesch
ISBN 978-3-423-**24774**-0

Gene D. Cohen
Geistige Fitness im Alter
So bleiben Sie vital und kreativ
Mit einem Vorwort von Manfred Spitzer
ISBN 978-3-423-**34530**-9

Christine Eichel
Die Liebespflicht
Zwischen hilfsbedürftigen Eltern und noch nicht erwachsenen Kindern
ISBN 978-3-423-**34565**-1

Christoph Emmelmann
Das kleine Lachyoga-Buch
Mit Lach-Übungen zu Glück und Entspannung
ISBN 978-3-423-**34429**-6

Roland R. Geisselhart u.a.
Das perfekte Gedächtnis
Der schnelle Weg zum Superhirn
ISBN 978-3-423-**36525**-3

Ernstfried Hanisch
In jeder Mücke steckt ein Elefant
Gute Gründe, sich über Kleinigkeiten aufzuregen
ISBN 978-3-423-**24740**-5

Marie-France Hirigoyen
Mobbing: Wenn der Job zur Hölle wird
Seelische Gewalt am Arbeitsplatz und wie man sich dagegen wehrt
Übers. v. I. M. Gabler
ISBN 978-3-423-**34123**-3

Die Masken der Niedertracht
Seelische Gewalt im Alltag und wie man sich dagegen wehren kann
Übers. v. M. Marx
ISBN 978-3-423-**36288**-7

Thomas Hohensee
Der innere Freund
Sich selbst lieben lernen
ISBN 978-3-423-**24679**-8

Sehnsucht
Die Suche nach dem vollkommenen Glück
ISBN 978-3-423-**24773**-3

Helmut Fuchs
Andreas Huber
Gefühlsterroristen
erkennen, durchschauen, entwaffnen
ISBN 978-3-423-**24482**-4

Hilfe zur Selbsthilfe

Barbara Sher, Barbara Smith
Ich könnte alles tun, wenn ich nur wüsste, was ich will
Übers. v. G. Schwarzer
ISBN 978-3-423-**24448**-0

Lebe das Leben, von dem du träumst
Übers. v. G. Schwarzer
ISBN 978-3-423-**24585**-2

Du musst dich nicht entscheiden, wenn du tausend Träume hast
Übers. v. B. Lemke
ISBN 978-3-423-**24654**-5

John Selby
Die Liebe finden
Wie Sie Ihrem Wunschpartner begegnen
ISBN 978-3-423-**34424**-1

Was mich stark macht
Mehr Lebensqualität durch Mind-Management
Übers. v. B. Lemke
ISBN 978-3-423-**24363**-6

Arbeiten ohne auszubrennen
Spirituelle Techniken für den Berufsalltag
Übers. v. K. Petersen
ISBN 978-3-423-**34060**-1

Wer warten kann, hat mehr vom Leben
Der entspannte Weg zu mehr Gelassenheit
Übers. v. K. Petersen
ISBN 978-3-423-**34090**-8

Lothar Seiwert
Das Bumerang-Prinzip
Mehr Zeit fürs Glück
ISBN 978-3-423-**34130**-1

Heinz-Peter Röhr
Weg aus dem Chaos
Die Borderline-Störung verstehen
ISBN 978-3-423-**34286**-5

Wege aus der Abhängigkeit
Destruktive Beziehungen überwinden
ISBN 978-3-423-**34463**-0

Viktor Sommer
Jetzt ist es genug!
Leben ohne Alkohol
ISBN 978-3-423-**34222**-3

Bärbel Wardetzki
Ohrfeige für die Seele
Wie wir mit Kränkung und Zurückweisung besser umgehen können
ISBN 978-3-423-**34057**-1

Mich kränkt so schnell keiner!
Wie wir lernen, nicht alles persönlich zu nehmen
ISBN 978-3-423-**34173**-8

Biographien bei dtv

Anatol Chari
»Undermensch«
Mein Überleben durch Glück und Privilegien
Übers. v. Franka Reinhart
ISBN 978-3-423-**24770**-2

Veit-Jakobus Dieterich
Martin Luther
Sein Leben und seine Zeit
ISBN 978-3-423-**24701**-6

Martin Doerry
»Mein verwundetes Herz«
Das Leben der Lilli Jahn 1900–1944
ISBN 978-3-423-**34146**-2

Diana Maria Friz
Margarethe Krupp
Das Leben meiner Urgroßmutter
ISBN 978-3-423-**24703**-0

Norberto Fuentes
Die Autobiographie des Fidel Castro
Übers. v. T. Schultz
ISBN 978-3-423-**34495**-1

Cem Gülay
Türken-Sam
Eine deutsche Gangsterkarriere
ISBN 978-3-423-**24767**-2

Lina Haag
Eine Hand voll Staub
Widerstand einer Frau 1933 bis 1945
ISBN 978-3-423-**34258**-2

Sebastian Haffner
Geschichte eines Deutschen
Die Erinnerungen 1914–1933
ISBN 978-3-423-**30848**-9

Eric Hobsbawm
Gefährliche Zeiten
Ein Leben im 20. Jahrhundert
ISBN 978-3-423-**34284**-1

Johannes Kunisch
Friedrich der Große
Der König und seine Zeit
ISBN 978-3-423-**34525**-5

Gerd Langguth
Angela Merkel
ISBN 978-3-423-**34414**-2

Horst Köhler
ISBN 978-3-423-**24589**-0

Erzähl doch mal von früher
Loki Schmidt im Gespräch mit Reinhold Beckmann
ISBN 978-3-423-**34576**-7

Fritz Stern
Fünf Deutschland und ein Leben
Erinnerungen
Übers. v. F. Griese
ISBN 978-3-423-**34561**-3

Klaus Taschwer
Benedikt Föger
Konrad Lorenz
ISBN 978-3-423-**34527**-9

Bitte besuchen Sie uns im Internet: www.dtv.de

Biographien bei dtv

Olaf Benzinger
Bob Dylan
Seine Musik und sein Leben
ISBN 978-3-423-**24548**-7

Franz Binder
Georg Friedrich Händel
Sein Leben und seine Zeit
ISBN 978-3-423-**24710**-8

Peter Braun
Komponisten und ihre Häuser
ISBN 978-3-423-**24613**-2

Michaela Diers
Wilhelm Busch
Leben und Werk
ISBN 978-3-423-**34452**-4

Bettine von Arnim
ISBN 978-3-423-**24772**-6

Monika Dimpfl
Karl Valentin
ISBN 978-3-423-**24611**-8

Werner Fuld
Wilhelm Raabe
ISBN 978-3-423-**34324**-4

Joakim Garff
Kierkegaard
Übers. v. H. Zeichner und H. Schmid
ISBN 978-3-423-**34238**-4

Dietmar Grieser
Liebe in Wien
Eine amouröse Porträtgalerie
ISBN 978-3-423-**34314**-5

Françoise Giroud
Cosima Wagner
Mit Macht und mit Liebe
Übers. v. M. Georg
ISBN 978-3-423-**30824**-3

Walter Hansen
Richard Wagner
Biographie
ISBN 978-3-423-**24549**-4

Richard Wagner
Sein Leben in Bildern
ISBN 978-3-423-**34457**-9

Gert Heidenreich
Thomas Gottschalk
Die Biographie
ISBN 978-3-423-**34255**-1

Mathias Henke
Joseph Haydn
Sein Leben und seine Zeit
ISBN 978-3-423-**34547**-7

Gerhard Henschel
Da mal nachhaken: Näheres über Walter Kempowski
ISBN 978-3-423-**24708**-5

Aktuelle Themen im dtv

Timothy Garton Ash
Freie Welt
Europa, Amerika und die Chance der Krise
Übers. v. S. Hornfeck und H. G. Holl
ISBN 978-3-423-**34322**-0

Olaf Baale, Werner Bergholz
Das deutsche Führungsproblem
Kompendium der Arbeitsfreude in Staat und Wirtschaft
ISBN 978-3-423-**24480**-0

Abbau Ost
Lügen, Vorurteile und sozialistische Schulden
ISBN 978-3-423-**34468**-5

Alexander Bahar
Folter im 21. Jahrhundert
Auf dem Weg in ein neues Mittelalter?
ISBN 978-3-423-**24713**-9

Benjamin R. Barber
Imperium der Angst
Die USA und die Neuordnung der Welt
Übers. v. K. H. Siber
ISBN 978-3-423-**34438**-8

Christian Berg
Manuel J. Hartung
Welt retten für Einsteiger
30 Gründe für ein gutes Gewissen
ISBN 978-3-423-**24649**-1

Gerhard Berz
Wie aus heiterem Himmel?
Naturkatastrophen und Klimawandel
Was uns erwartet und wie wir uns darauf einstellen sollten
ISBN 978-3-423-**24766**-5

Wolfgang Blau
Alysa Selene
German Dream
Visionen für Deutschland
ISBN 978-3-423-**24646**-0

Vincent Bugliosi
Anklage wegen Mordes gegen George W. Bush
Übers. v. H. Dierlamm, N. Juraschitz, W. Roller
ISBN 978-3-423-**24714**-6

Ian Buruma
Chinas Rebellen
Die Dissidenten und der Aufbruch in eine neue Gesellschaft
Übers. v. H. G. Holl
ISBN 978-3-423-**34572**-9

Colin J. Campbell
Ölwechsel!
Das Ende des Erdölzeitalters und die Weichenstellung für die Zukunft
Übers. v. H. Roth
ISBN 978-3-423-**34389**-3

Eugen Drewermann im dtv

»Drewermanns Sprache schließt auf und rührt an, gibt neue Erkenntnisse frei.«
Lisbeth Haase, ›Lutherische Monatshefte‹

Hänsel und Gretel · Aschenputtel · Der Wolf und die sieben jungen Geißlein
Grimms Märchen tiefenpsychologisch gedeutet
ISBN 978-3-423-**35163**-8

Ein Geschwisterpaar, verlassen im Wald, ein junges Mädchen, ausgegrenzt von der Stiefmutter, sieben Geißlein, zum ersten Mal allein einer lebensbedrohenden Gefahr ausgesetzt – Eugen Drewermann beleuchtet die Allgemeingültigkeit und Lebendigkeit dreier großer Märchen aus dem Schatz der Brüder Grimm.

Lieb Schwesterlein, laß mich herein
Grimms Märchen tiefenpsychologisch gedeutet
ISBN 978-3-423-**35050**-1

Der Autor deutet Märchen der Gebrüder Grimm tiefenpsychologisch und macht ihren Inhalt für alle transparent.

Rapunzel, Rapunzel, laß dein Haar herunter
Grimms Märchen tiefenpsychologisch gedeutet
ISBN 978-3-423-**35056**-3

Der Autor zeigt anhand von neun ausgewählten Märchen, »daß man eine menschliche Wirklichkeit nur gestalten kann, wenn man die Alpträume des menschlichen Herzens durcharbeitet und zur Wahrheit der Liebe erlöst.«